Media History

メディア史研究

43

March 2018
Vol. 43

特集＝メディア史研究の方法としてのオーラル・ヒストリー

近年、歴史研究の方法としてオーラル・ヒストリーが注目されている。それは文書化された記録だけではなく、研究者の働きかけによって資料（データ）を作り出す方法として積極的意義をもつことは間違いない。

オーラル・ヒストリーには、文書資料とは異なった方法論が必要なことは言うまでもない。ただ、オーラル・ヒストリーは話し手と聞き手とのキャッチボール的関係のもとに成立する方法であるから個々のケースによって方法は異なるのが当然で、一般的研究方法論を作るのは難しいであろう。だが、研究方法を自覚化せず、恣意的なやり方での聞き取りはフェイク・ヒストリーを造りだしてしまう危険がある。個別的方法であるだけに、これまでのオーラル・ヒストリーの成果を後進の研究者が慎重に学び、そこから応用できる経験を引き出していくことが研究方法を豊かにしていくはずである。

そこで、二〇一七年度の研究集会では、メディア史研究の分野でこれまでなされてきたオーラル・ヒストリーの成果を紹介しながら、そこでの方法を学ぶ、あるいは既にオーラル・ヒストリーを試みている研究者から体験談を話していただくなど自由に討論する場としたいと考えた。本特集では、司会を担当した会員による本企画の趣旨の説明と自身の経験を踏まえたオーラル・ヒストリーの課題についての論考と、問題提起を担当した４名の会員による報告を掲載した。

メディア史研究

Media History

43

March 2018
Vol. 43

特集＝メディア史研究の方法としてのオーラル・ヒストリー

表紙図版　『別冊　新聞研究』（日本新聞協会）第一号（一九七五年一〇月）、第二号（一九七六年四月）、第三号（一九七六年一〇月）、第四号（一九七七年三月）、第五号（一九七七年一〇月）

表紙デザイン　薬師神親彦

MEDIA HISTORY

43

March 2018
Vol. 43

CONTENTS

特集の趣旨に代えて
――メディア史研究の方法としてのオーラル・ヒストリー――

福間良明

歴史研究において、オーラル・ヒストリーの重みが増しつつある。公的な文書記録が残りにくい「一般の人々」の歴史をどう記録するか、という観点から、これまでも一定程度インタビュー調査が積み重ねられてきた。戦争体験者への聞き取り記録などは、その一例であろう。

だが、それとは別に、公的な立場にある人物に対するオーラル・ヒストリー研究も、進捗を見せつつある。政治史研究においても、戦後政治家への聞き取りが進められてきた。首相経験者などであれば、当人に関する文書資料は決して少なくはないが、ある出来事をめぐる背景や交渉の過程については、文字化されていないものは多い。そのような問題意識も相俟って、公人に対するオーラル・ヒストリー研究はそれなりに積み重ねられてきた。

こうした方法の重要性は、メディア史研究においても例外ではない。オーディエンスへの調査の重要性は、従前より多く指摘されている。メディア企業の経営者・創業者に関しても、文書の一次資料が限られているケースは少なくない。さらに、記者や編集者については、まとまった文書記録が残されているほうがまれである。しかしながら、メディア史をめぐるさまざまなメカニズムを読み解くうえでは、彼らに関する知識・理解は不可欠であるし、現にこれまでのメディア史研究でも、聞き取り等を通して、彼らへの接近がはかられてきた。

とはいえ、オーラル・ヒストリー研究の実践においては、文書資料とはまた異なる方法論や手続きも必要になる。そのことにも自覚的でなければならない。聞き取り対象の語りの信憑性を、どう担保し、確認するのか。また、ある事柄について話されるということは、(意図的かどうかはさておき）別の事柄についての言及が避けられているということでもある。そのことをどう意識化し、捉え返せばよいのか。さらに言えば、聞き取りを行なう側が、自分の見取り図に合うように議論を誘導している状況がないのかどうか。

こうした点を念頭に置きながら、メディア史研究会研究集会（２０１７年9月2日）では、「メディア史研究の方法としてのオーラル・ヒストリー」と題したシンポジウムを行い、従来のメディア史研究のなかで、どのようなオーラル・ヒストリーが掘り起こされてきたのか、そこから何を汲み取ればいいのかについて、議論がなされた。本特集記録は、そこでの討議に基づくものである。

具体的には、個別メディアの研究を念頭に置いたオーラル・ヒストリー研究を扱う論考として、「新聞研究の方法としてのオーラル・ヒストリー」（井川充雄）、「放送研究の方法としてのオーラル・ヒストリー」（浜田幸絵）、「広告研究の方法としてのオーラル・ヒストリー」（加島卓）を収めている。ただ、これらの論考でも紹介されているとおり、記者や放送・広告関係者など、メディア企業の関係者のオーラル・ヒストリーは、いくらかは積み重ねられてきたのに対し、その受け手である読者・視聴者にどのようにアプローチするのか、という課題も残されている。「読者・視聴者（オーディエンス）研究の方法としてのオーラル・ヒストリー」（有山輝雄）は、その問題に向き合う論考である。

以上が、本特集企画の趣旨である。これらの論考を通して、メディア史研究におけるオーラル・ヒストリーの進展や方法論の検討の加速が期待されよう。

なお、筆者は先のシンポジウムにて司会に当たったが、筆者自身の研究との関連で、当日の議論を聴きながら考え、また発言した内容を、記録もかねて付記しておきたい。

＊

筆者はこれまでに「戦争の記憶」をめぐる戦後メディア史や勤労青年の教養文化史を扱ってきたが、総じて、雑誌を分析対象にすることが多かった。運動団体・サークルの機関誌や人生雑誌などである。調査・研究の過程で、関係者にインタビューをしたり、資料提供の際に話を聞かせてもらうことは少なくなかった。だが、聞き取った内容を研究に直接的に反映することは、ほとんどなかった。それは、そこでの話が事実かどうかを検証できる資料が見当たらなかったこと、および、別の文書資料で論旨を補うことができるという判断があったことによる。

何らかの他の資料で確認が取れれば、聞き取った内容にもいくらか言及してきたが、これまではどちらかと言えば、筆者が文献資料のみを通して理解した史実や史的背景について、大きな誤りがないかどうかを、聞き取りを通して確認・修正することのほうが多かった。

むろん、研究のテーマや問題関心によっては、別のやり方が選ばれるのは当然だが、あくまで筆者自身は、史実や史的背景の検証が可能かどうかを優先するスタンスをとってきた。

何かを聞き取ることの有用性は、文書記録に残されていない事柄を把握できる点にあるが、しかし、何かを語る一方で、何かが隠されることも珍しくはないし、それはおそらく避けがたいものであろう。事実の誤認も、少なからず見られるものである。また、当人が自らの記憶を意図せぬままに作り換えていることも、決して少なくはない。戦後のメディア報道を目にする中で、自らの戦争体験を再構成し、結果として、他の文献資料と突き合わせると、辻褄があわなくなる例は、しばしば指摘されるとおりである。記憶とメディアの相互作用は見落とされるべきではない。

さらに言えば、「記憶」には社会的に構築される側面がある。社会的な価値規範の変遷とともに、ある「記憶」が積極的に公にされたり、逆に発話が抑制されることも、珍しくない。何かを聞き取り、発話を促すこと自体、社会背景やメディアの力学が深く関わっていることに、まずは自覚的であるべきだろう。

また、聞き取りを行なう場面が、発話を規定しがちであることにも、留意が必要である。とくに、その場に誰がいるのかによって、発言のありようはしばしば変わるものである。戦友会や慰霊祭の場は、最末端の元兵士から元上官、遺族らが集うだけに、責任追及や戦友のあまりに無惨な死への言及が避けられがちだった。同様のことは、グループ・インタビューでも、当然ながらあり得ることである。

ライフコースや学歴等についても、類似のことが指摘されよう。たとえば、勤労青年の読書文化と学歴・ライフコースの問題は、切り離すことできないが、グループ・インタビューなどの場で、その点を緻密に調査するのは、必ずしも容易ではない。高卒学歴と中卒学歴の人が混じっているような場であれば、お互いに気兼ねして、深い議論が阻害される状況は、筆者がインタビューを行った際にも経験したことがある。さらに言えば、生い立ちや学歴へのコンプレックスが深ければ深いほど、それを気にしていなかったことを強調することも、十分にあり得ることである。

＊

オーラル・ヒストリーの実践には、こうした困難さがつきまとう。とはいえ、それを通してしか把握し得ないものがあるのも、また事実である。では、そこでどのような方途が考えられるのか。十全な解は見当たらないかもしれないが、そこで一つの示唆を与えるのは、社会学におけるライフ・ストーリー研究（個人の生についての口述の物語をめぐる調査・研究）であるように思う。

ときにライフ・ヒストリー研究の部分領域としても位置づけられるライフ・ストーリー研究は、歴史学とはやや異なり、「史実」「事実」そのものに重きが置かれるというよりは、取材者と対象者の間の対話が成り立っている場に着目しながら、発話が構築的に紡ぎ出されるメカニズムに焦点が当てられる（桜井厚『ライフストーリー論』弘文堂、2012年）。こうした問題関心のゆえに、歴史学的なオーラル・ヒストリー研究と、社会学的なライフ・ストーリー研究の間では、相互に参照し合う状況が限られていたように思われる。だが、発話が生み出される場に着目する社会学のアプローチは、見方を変えれば、史料批判の作業でもある。「なにゆえにそのような発話が生み出されるのか」への着目は、その場での聞き取りが成立する磁場を批判的に問うことでもある。

可能な範囲で文字資料と突き合わせたり、傍証とすり合わせることで、聞き取った内容の事実としての精度を検証することは、当然のことながらなされるべきである。それに加えて、社会学の方法論を「密輸」することは、オーラル・ヒストリーにおける史料批判の精度を多少なりとも高めることに資するものと思われる。

もっとも、筆者はオーラル・ヒストリー研究の専門家では決してないし、上述の通り、聞き取りを研究に直接的に反映することは、基本的に抑制してきた。とはいえ、いくらかなりとも、聞き取りを行なってはきたし、今後の研究の中で、それらを参照することもないとは言えない。この小論は、そうしたなかで思いを巡らせてきたことを綴ったものに過ぎないが、以降に掲載されている所収論文に加えて、いくらかなりとも課題提起につながれば幸いである。

新聞研究の方法としてのオーラル・ヒストリー

井川充雄

一　はじめに

はじめに、私のささやかな経験を述べることから始めることをお許し頂きたい。私の研究歴でほぼ唯一の聴きとり体験は、一九九〇年の修士論文の執筆時のものである。修士論文で、私は名古屋の新興紙『中京新聞』（一九四六～一九五一年）を取り上げた。その際に、中京新聞関係者四名の方に聴きとりを行った。そのおかげで、文献資料の少ない中で何とか修士論文をまとめることができたのであるが、その一方で、オーラル・ヒストリーについての疑問も抱いたことを記憶している。一つは、ある方に、発行部数について伺ったのであるが、その回答は、それまでに見てきた史料とは大きくかけ離れた数値で、誤っていると判断せざるを得なかった。また、別の方には、お会いするなり、『朝日新聞名古屋本社五十年史』（朝日新聞名古屋本社、一九八五年）のコピーを渡され、「ここに書かれているとおりだから」と言われた。私としては、その文献はすでに見ており、そこに書かれていないことを伺いたかったのである。その後、お話しする中で、少しずつ記憶を掘り返して頂き、最終的にはいろいろ当時の『中京新聞』について伺うことができた。今から思えば、私が聴きとりに伺ったときでさえ、『中京新聞』の時代から四〇年が経っていたのであり、当時のことを鮮明に憶えているわけではない。その方も社史などで事前に「予習」し、大学院生の聴きとりに臨んで頂いたのである。ただ、そうなると、そのとき語って頂いた内容は、当時の記憶そのものなのか、後から作られたものなのか、考えざるを得ない。そして、また、ある方には、聴きとりのお願いをしたが、『中京新聞』のことはまったく憶えておらず、史料も残っていないとして断られたこともあった。

こうしたことがあったからというわけではないが、その後、私の研究テーマはGHQのメディア政策に移っていったこともあり、これまで文献史料中心に進めてきた。したがって、ここでオーラル・ヒストリーの方法論を語るだけの経験はない。ただ、振り返ってみると、聴きとりが活字化されたものは、史料として何度も利用させてきている。そこで、ここでは、その立場から、新聞研究におけるオーラル・ヒストリーの意義と限界について検討してみたい。すなわち、ある研究者等が行った聴きとりの内容が、活字化され、さらに別の研究者がそれを利用していく際の留意点を考えたい。

日本の新聞史研究において、もっともまとまった聴きとりの成果は、日本新聞協会による『聴きとりでつづる新聞史』シリーズであろう。そこで、次節では、これについて紹介する。第三節では、戦後の「読売争議」研究における聴きとりの事例を取り上げ、新聞史研究におけるオーラル・ヒストリーの役割をさらに検討することとする。

二　日本新聞協会による『聴きとりでつづる新聞史』シリーズの経緯と概要

日本新聞協会は、雑誌『新聞研究』の別冊として、一九七五（昭和五〇）年一〇月に、『別冊新聞研究　聴きとりでつづる新聞史』の第一号を刊行し、長谷川如是閑、高石真五郎、岡島真蔵、板倉卓造の四氏からの聴きとりを掲載した。『別冊新聞研究　聴きとりでつづる新聞史』は、一九九八年四月の第三四号まで刊行され、総計一〇〇人からの聴きとりが順次掲載されている。このシリーズについては、日本新聞教育文化財団の山﨑茂男によるまとめもあるので、それを参照しながら、以下、簡単に紹介したい。

日本新聞協会は、新聞界のすぐれた先人の談話を収集するために、「聴きとり」作業を一九六二（昭和三七）年六月から始めた。当初は、協会内の総合調査室調査課で行われ、その後、新聞協会研究所を経て、日本新聞教育文化財団研究室にその業務が引き継がれた。開始時点では、公刊は予定していなかったようであるが、その後、前述のように雑誌『新聞研究』の別冊として定期的に公刊された。

『別冊新聞研究』のほぼ毎号に「「聴きとり」をすませた方々の氏名一覧」が掲載されているが、第三四号には合計一〇三名が記載されており、差し引き三名については、「聴きとり」は行われたものの、その内容は『別冊新聞研究』には掲載されていない。その三名とは、阿利資之（読売、大阪毎日、国民、新愛知）、廣岡知男（朝日）、矢野五郎（日本新聞会、日本新聞聯盟、日本新聞協会）である。このうち、矢野については、後述の『体験者に聞く テーマ別戦後新聞史』第一号に掲載された。

この一〇三名の他に、後述の海外編Ⅰ～Ⅲ（第九号、第一七号、第一九号）に掲載された四二名からの聴きとりが行われており、これを合計すれば一四〇名を越える新聞関係者からの聴きとりを実施したことになる。

『別冊新聞研究　聴きとりでつづる新聞史』第一号～第二号には、「「聴きとり」の舞台裏」と題する座談会の模様も掲載されている。ここでの出席者での発言から、この事業の目的を、山﨑は、（日本新聞協会が「聴きとり」作業を一九六二年六月から始めた）「当時は、横田実事務局長の時代であるが、同氏の主導のもとに新聞協会の仕事として、①新聞界の先人の記録をいまのうちに取っておくということ、②学問的なことよりも先人の苦労というようなものを記録して、これを現在並びに将来の新聞のあり方、あるいは新聞記者の参考にする、③その記録が学界の財産になればよい、という話しが進み、この企画が始まった(1)」とまとめている。また、同じく『別冊新聞研究』第一号で、事務局長であった江尻進は、「われわれが日本新聞界の先輩の談話を編集し、いわば『新聞人物史』といった形での史料の出版を行うのは新聞史を裏付ける正確な生の史料を残してゆこうということだけでなく、新聞の将来の発展に役立つ教訓を、過去の経験の中から汲みとれれば、という願望に出ているものである(2)」とも述べている。これらからわかるように、この聴きとりの目的は、一つには歴史的事実を書き残すことであったが、もう一つにはそれをこれからの新聞製作に活かしていくということがあったと言える。

聴きとり対象の人選については、新聞史の専門家として内川芳美（東京大学新聞研究所）、西田長寿（元東京大学明治新聞雑誌文庫主任）の二人を顧問としてスタートし、「企画開始の際の協会の担当者は三樹精吉調査課長、後藤丙午嘱託、春原昭彦の各氏、その後を受け現在は高須正郎調査資料室長の下で春原昭彦主管が終始まとめ役をつとめ(3)」た。実際の聞き手としては、主として内川、春原の両氏が担当した。

聴きとりの対象については、山﨑の整理によれば、社別では、同盟が一三件と最も多く、次いで大阪朝日の一〇件、大阪毎日と東京朝日がそれぞれ九件、以下、東京日日、新聞聯合、共同、読売、時事新報、報知、国民、福岡日日、電通、産経、毎日、新聞協会、ジャパンタイムズとなって

いる。(4)

その他、海外編Ⅰ（第九号、一九七九年一〇月）ではサンフランシスコ、ロサンゼルス、ホノルル日系紙、海外編Ⅱ（第一七号、一九八三年一二月）ではニューヨーク、メキシコシティ、リマの日系紙、それに海外日系放送、海外編Ⅲ（第一九号、一九八五年四月）では、サンパウロとブエノスアイレスの日系紙を扱っている。また、第二一号（一九八六年一二月）では、検閲官らGHQの関係者などからの聴きとりも実施している。

仕事の分野では、編集関係が六七名と最も多く、販売関係の一〇名、広告関係の七名、技術関係の四名、そのいずれにも入らない社主・経営者八名、経理、会計関係一名となっている。(5)

こうした偏りについて、前述の座談会（下）には、以下のようなやりとりも記載されている。司会は春原昭彦である。

内川　〔引用者前略〕編集関係の高名な方々は何らかの形で自伝をお書きになったり、あるいは周囲の方々が伝記を書かれたり、という形でその業績が残っている場合が多いのですが、販売とか工務畑の方の場合には、本当にこういう形で直接お話を伺う以外には、その方の経験を、後世に伝えるということは、ほとんどないんじゃないかと思うんです。そういう面にも、この「聴きとり」の大きな意味があるんじゃないか。ある意味で日本のジャーナリズムを側面から支える、そういう分野で働いてこられた方々の話を意識的に聞く、掘り起こすというようなことも、今後もぜひしていただきたいと思いますね。

司会　まさに、今後の課題です。編集のほうは、一面では、紙面という記録があるから後世に残っているわけですね。ところが、工務とか、販売、広告になりますと、本当に記録が少ない。〔引用者中略〕いままでの聴きとりでは工務、広告関係がすっかり抜け落ちています。経営者にお目にかかったときに、若干、広告のことは伺っていますけれども。今後はやはり、そっちのほうをやらなければいけないんじゃないか、という気がしているところです。(6)

またこれに関連して、江尻も「今後の取材に関連し気付いていることは、印刷や通信などの技術の発展、広告や販売、輸送などの営業面、労使双方の立場から見た労務問題などにも目を向ける必要があることである。当面の問題と思っていることが、案外に早く歴史的事実となり、しかも真相が知られずに過ぎ去っていくことが多いからである。」[7]と述べている。このように編集・記者に偏らないようにとの問題意識はあったものの、結果としては全体の三分の二が編集関係を占めている。

また、山﨑も指摘するように、女性の新聞人は一人も対象となっていない。唯一、女性で掲載されているのは、GHQで検閲の仕事に携わっていたクック小林やよい（第二一号掲載）だけである。

なお、前述のように、『聴きとりでつづる新聞史』シリーズは、一九九八年四月で一旦終結しているが、それと入れ替わるように、一九九七（平成九）年に日本新聞協会は、『体験者に聞く テーマ別戦後新聞史』の刊行を始めた。これは、「戦後の新聞を初めとするマスコミ界にかかわる報道面、国際面、経営面の事件、出来事を中心にして関係者の話を聞こうという企画である。この企画は、「戦後」と区切りをしている（例外的にそうでないものもあるが）ため、比較的若い関係者に登場してもらえるという利点がある。既に第四号まで刊行されているが、近刊の第四号「ソ連邦（ロシア）取材と報道」では四〇代の新聞記者に聴き取りも実施している。」[8]とのことである。

『体験者に聞く テーマ別戦後新聞史』は、これまでに、以下の四つのテーマで刊行されている。

第一号　戦中戦後の新聞用紙事情
第二号　朝鮮戦争報道
第三号　サンフランシスコ講和会議報道
第四号　ソ連邦（ロシア）取材と報道

さて、この『聴きとりでつづる新聞史』シリーズについて、佐藤純子が興味深い指摘をしているので、合わせて紹介したい。佐藤は、「聴きとりの目的がどこにあったのかですが、社史との関連性でいえば、まず朝日新聞では大正七年の白虹事件、それから毎日新聞では昭和八年の城戸事件、通信社では昭和一一年の電通と聯合の合併、つまり同盟通信社設立のころが調査の目的であったのだろうと感じました。地方新聞では、戦時下の新聞統合が当初のインタビューの目的だっただろうと思われます。」[9]と述べている。なお、ここで言う城戸事件とは、本山彦一社長死去の後、一九三三年一月に会長に就任した城戸元亮がその年の一〇月には会長を退き、そのシンパの社員五八名が退社したお家騒動のことである。

これは、例えば、朝日の場合、聴きとりの対象になっているのが、第一号掲載の長谷川如是閑の他、花田大五郎、上野精一、大西利夫、山田大輔らであったこと、毎日では、高石真五郎、高田元三郎、加藤三之雄らであったことから類推したものである。朝日新聞での白虹事件、毎日新聞の城戸事件は、いずれも社にとってある種の汚点となるものであり、社史には書きにくい面がある。そこで、佐藤は、『聴きとりでつづる新聞史』には、「社史の補足」という意味があると指摘する。[10]

また、通信社については、「この聴きとりシリーズで電聯合併について通信社側では多くの人が答えているんですが、この人たちがどう答えたかに注目しました。カッコの中の人たちが答えているんですけれども、そのパターンは、社史の通りに詳細に語っている人、それから電聯合併後の社内の雰囲気を語る人、これは仕方ないんだろうなと思っていたという言い方をする人などがいます。これらの意見は、その当時の電聯合併の実態が、実は社史以上には誰もわかっていないことを示したものといえます。しかしながら、わかっていないんじゃないかというのは、インタビューのひとつの成果ではあります。つまり、この合併交渉が岩永や古野伊之助など上層部だけで進められていた、ということを裏付けるものであるわけです。[11]」と指摘しているが、聴きとりで新たな情報が得られないこと自体も、ある種の情報を含んでいるという指摘は興味深い。

いずれにせよ、『聴きとりでつづる新聞史』シリーズは、人選において、編集関係や男性に偏っているという指摘もできるが、長い年月をかけて一四〇名を超す新聞関係者から聴きとりを行い、それを順次公刊していったことの成果は非常に大きいと評価されるべきであろう。

三　事例としての「読売争議」研究におけるオーラル・ヒストリー

さて、ここまでは日本新聞協会による『聴きとりでつづる新聞史』シリーズを取り扱ってきたが、ここでは、視点を変えて、日本新聞史上ある事件の記録ないし研究を進めるためのオーラル・ヒストリーの役割を考えてみたい。ここで事例として取り上げるのは、戦後の新聞争議において、もっとも重要な意味を持つと考えられる読売新聞社の争議（以下、読売争議）である。

読売争議について、おそらく唯一まとまった研究である山本潔『読売争議　一九四五・四六年』（御茶の水書房、一九七八年）のあとがきには、「読売争議の研究にあたっては、鈴木東民・綿引邦農夫・増山太助氏をはじめ、争議関係者に一方ならぬお世話になった。これらの方々からお話をうかがいはじめたのが、著者にとっては、本格的労働運動史研究への第一歩であった。[12]」と記されている。実際、以下の当事者から聴きとりを行ったという。鈴木東民（論説委員）、志賀重義（資料部次長）、長文連（論説委員）、渡辺文太郎（経済部次長）、武藤三徳（経済部次長）、増山太助（経済部員）、宮本太郎（社会部次長）、布留川信（文選工）、綿引邦農夫（文選工）[13]。また、この時、収集した大量の原資料は、『戦後危機における労働争議　読売新聞争議』（東京大学社会科学研究所資料第六集、東京大学社会科学研究所、一九七三年）と『戦後危機における労働争議　続・読売新聞争議（一九四五－四六年）其の2』（東京大学社会科学研究所資料第七集、東京大学社会科学研究所、一九七四年）にまとめられている。ただし、聴きとりについては、この二冊にも収録されていない。

ここからもわかるように、とりわけ労働問題の場合、社史の記載は経営側によりがちであるため、「社史の補足」としてのオーラル・ヒストリーを活用することの意味は高いと考えられる。

読売争議については、労働組合側では宮本太郎や増山太助が多くの証言や記録を残している。このうち、第二次読売争議において、争議団の主要なリーダーであった増山は、日本新聞協会の聴きとりにも応じている。この他にも増山は複数の聴きとりに応じており、管見の限り、合わせて以下の六件の聴きとりの記録が公刊されている。

一．「読売争議」『月刊労働組合』二〇一号（一九八三年一二月）、同二〇三号（一九八四年二月）、労働大学出版センター。

二．「増山太助――第二次読売争議を指導」『別冊新聞研究　聴きとりでつづる新聞史』二九号、日本新聞協会、一九九三年四月。

三．戦後労働運動史研究会「戦後労働運動の「神話」を見直す　「読売争議」の実態（上）～（下）」『世界』岩波書店、一九九九年一月～二月。

四．「読売争議のその後（1）～（2）」『大原社会問題研究所雑誌』四八五号（一九九九年四月）、四八六号（一九九九年五月）、法政大学大原社会問題研究所。のち、法政大学大原社会問題研究所編『証言　占領期の左翼メディア』（御茶の水書房、二〇〇五年三月）に所収。

五．「証言　日本の社会運動　日本ジャーナリスト連盟の結成と新聞単一（上）（中）（下）」『大原社会問題研究所雑誌』五九三号（二〇〇八年四月）、五九四号（二〇〇八年五月）、五九六号（二〇〇八年七月）、法政大学大原社会問題研究所。

六．「摘み取られた「民主読売」の芽」米田綱路編『抵抗者たち　証言・戦後史の現場から』講談社、二〇〇四年八月。

このように一九八〇年代から三〇年間にわたり、幾度も聴きとりに応じているが、これは希有な例と言えるだろう。

それだけではなく、増山は、そもそも自分自身の体験と収集した原資料にもとづき、「第一次読売争議史」(『労働運動史研究』五三号、労働旬報社、一九七〇年)、「第二次読売争議史 上」(『労働運動史研究』五四号、同、一九七二年)、および「第二次読売争議史 下 争議団九〇日のたたかい」(『労働運動史研究』五五・五六号、労働旬報社、一九七三年)を執筆し、それらを一九七六年には、単著『読売争議一九四五/一九四六』(亜紀書房、一九七六年)として刊行している。その他にも、増山は、単著だけでも『産別会議一〇月闘争 新聞放送ゼネストをめぐって』(五月社、一九七八年)、『検証・占領期の労働運動』(れんが書房新社、一九九三年)、および『戦後期左翼人士群像』(柘植書房新社、二〇〇〇年)を出版している。また、千葉大学の河西宏祐の講義に招かれて講演した際の記録が、河西宏祐編『戦後日本の争議と人間 千葉大学教養部の教育実践記録』(日本評論社、一九八六年)、同編『戦後史とライフヒストリー 千葉大学教養部の教育実践記録』(日本評論社、一九九二年)に収録されている。これは、聴きとりではないが、学生との質疑応答も掲載されており、一種のオーラル・ヒストリーということもできよう。

このように、増山は、いわば占領期の労働運動の生き証人として、精力的に執筆活動を行い、その中でたびたび聴きとりにも応じてきたと言うことができる。

ここで、増山の聴きとりや著作を多数挙げたのは、それらを詳細に読み込んで、増山の記憶の変遷(例えば、忘却、省略、追加、強調等)や発言のブレを明らかにしようという意図からではない。むしろ、聴きとりをする側がどういう目的でそれを行い、また、それがどのような形式で公開されているかを比較することで、本稿の課題に応えるためである。

増山に対する聴きとりのうち、一は労働者運動史研究会による聴きとりであるが、紙幅は上下合わせて四ページほどで決して長くはない。記載の仕方は、聞き手の発した言葉は掲載されず、解説をはさみながら増山の言葉をつないで、第一次争議から第二次争議までを概観している。二は前述の『聴きとりでつづる新聞史』の一つであり、聞き手は内川芳美、春原昭彦の両氏である。四〇ページほどのもので一問一答式に聞き手と増山の言葉が掲載されている。内容的には、学生時代や読売入社のいきさつから始まり、年譜も付されているので増山の生い立ちなどもよくわかる。また増山の著書『読売争議』を踏まえて質問をしており、包括的である。四と五は、法政大学の大原社会問題研究所による聴きとりで、聞き手は同研究所の吉田健二である。

公開の形式は、一号あたり一〇ページ前後を費やし、一問一答式に聞き手と増山の言葉が掲載されている。タイトルからもわかるように、読売争議を扱ったものではなく、「本稿は、この第二次読売争議が終結したのちにおける争議団幹部の転身、ないしは彼らの占領期におけるジャーナリストとしての足跡について紹介したものである。増山氏の今回の証言は、占領期の日本労働運動においてこれまであまり言及されてこなかったテーマであり、占領期の左翼ジャーナリズムの領域からも注目される。[14]」と新たなテーマであることを冒頭で説明している。また、六は『日本経済新聞』の記者や『図書新聞』の編集長を務めた著者が増山の他、知花昌一など合わせて九名の「抵抗者たち」に聴きとりをした記録である。「あとがき」で、米田は「彼らが考え、言いよどみつつ言葉を探して伝えようとする話には、戦後史の一瞬が凝縮されている。それは、足元で動いている歴史への感覚を取り戻す手がかりである。ここに、私はジャーナリズムの原点があると信じている。[15]」と述べ、支配的な価値観に飲み込まれまいと抗う人々の声に耳を傾けることの重要性を説いている。この中で、増山の章は三〇ページで、やはり一問一答式に掲載している。

これらと大きく異なるのが、三の戦後労働者運動史研究会による聴きとりである。これは、極めて問題意識の先行したものとなっている。というのは、増山の証言の間のページに、戦後労働者運動史研究会の竹前栄治による「われわれの目指すもの——「研究ビッグバン」」と題する文章がはさまれている。そこでは、以下のように述べられている。

労働組合運動には「光」と「陰」の部分がある。従来はその「光」の部分のみが論じられてきたように思われる。〔引用者中略〕労働運動研究にも「ビッグバン」が必要になったように思われる。それは明治維新や敗戦直後（占領期）の大変革、何回かの不況を通り抜けてきたにもかかわらず、変わらなかった日本人の意識、指導者の政策選択の問題、とりわけ労働運動指導における古い考え方、組織分裂の社会的影響、すなわち「負の遺産」の再検討である。例えば、敗戦という特殊な状況やＧＨＱの労組助長策（上からの民主化）によって運動は大いに高揚する。しかし、人間の思想や考え方が一瞬にして変わるものではない。戦前の指導者も戦後の指導者もアメリカ式労働運動指導のノウハウや労使関係のマニュアルには馴染めず、結局、戦前の会社や軍隊で体験した上位下達方式や知識によって運動が指導され、伝統的セクショナリズムが温存されることになった。これが戦線統一を阻み、組織分裂の構造を再生産する要因となった。[16]

このように、労働運動指導における旧弊を指摘した上で、増山に対しても、読売争議の指導者であった鈴木東民や朝日新聞の記者で産別会議の委員長・議長となった聽濤克巳の人物像についての質問がたびたび発せられる。各号の末尾においては、「全体として、戦時中の情性で、各自真剣に考えることを怠り、強い少数の指導者まかせとする傾向があった。鈴木東民が、その強い指導者として打ってつけの役割を演じていたのだろう。彼の周囲に集り、寄りかかろうとする人たちが多かったとしても不思議ではない。そこへの考慮が欠けていた。民主的集団、あるいは制度をつくるには、参加する人たちの自覚と、自由な意志、それに弛まぬ努力が必要なのである。このことは、いまなお教訓とすべきだろう。[17]」とか、「問題の根はそれぞれ深く、容易なことではすっきりした解答にならない。そこで大きな観点から眺めてみると、言葉の意味するところへの理解不足や、不適切な使用が混乱を呼び、問題を複雑化させた一つの要因ではなかったかと思われる。民主主義といっても、聽濤克巳も鈴木東民同様そこになんの理解もないのに、朝日新聞論説委員のプライドからか、すべてわかっているような態度をとり、占領軍の物真似をし、上から見下して指令することと心得、横柄に構えて威張っていた節が見られる。[18]」などと、当時の労働組合の指導者を厳しく断罪するまとめが付されているのである。

四　オーラル・ヒストリーの意義と限界

最後に、オーラル・ヒストリーの意義と限界、そして活字化された聴きとり資料を利用していく際の留意点を考えたい。

オーラル・ヒストリーの意義について、例えば、長年、政治家からの聴きとりに携わってきた伊藤隆は、聴きとりが重要な情報源である理由として、「第一に、直接に質問をし回答してもらえるということであり、回答に対して再質問をして回答してもらう可能性もあり、これは文献史料が一方的であるのと違って聴き取りの最大の利点である。第二に、文献史料について当事者からその背景や解釈を聴く事が出来るだけでなく、現在われわれが利用しうる文献に書かれていない多くの事実を聴く可能性があるということである。それだけではなく、元来文献史料に記載されぬ事柄――書き手にとっても受け手にとっても当然所与となっている事柄で、しかも現在のわれわれにとって必ずしも所与ではない事柄――や、事柄の背景にある人間関係（それはしばしばその事柄を理解する重要な要素となっている）などを聴くことが可能である。そして第三に、それを通じて文献史料を提供してもらうキッカケが生ずる可能性をもっていることである。[19]」と述べる。その一方で、資料としての制約についても、「オーラルヒストリーは貴重な歴史史料である。しかし非常に勝れたインタビュアーが記憶のはっきりした対象者から行ったオーラルヒストリーであっても、史料としては二次的である。史料を使う場合には、文書史料と同じように、或いはそれ以上に史料批判が必要な事は言うまでもない。オーラルヒストリーの場合、第一に、対象者の話はしばしば不正確である。年代の間違い、一つの事柄と似た他の事柄との混同などは避け得ない。記憶の不正確さは、自らを省みれば当然の事だが、極めて特殊な人を除けば記憶は一般的に曖昧なものであり、さらにその記憶のもとになった同一時点での共通な経験・見聞でも人によって極端に異なっていることはしばしば体験するところである。これらは他の諸史料をつき合わせて充分に検討しなければならない。だが、第二に、それよりもっと重要なのは、人間は絶えず新しい状況の下で自己の過去というものを再整理して、それによって自己の再確認をしながら生きているということである。従って思い出された過去はしばしばその人にとっての今日的価値に強く影響されて、変形し、解釈をし直され、不都合な部分は記憶から排除されている可能性がある。特に戦前から敗戦を経て、大きく「世の中の」価値観が変化を余儀なくされた場合などにそれは強く見られる現象である。こうした人間的要素を充分に考慮して活用する必要がある。[20]」とも述べている。こうした点は、すでに多くの研究者が指摘していることであろうが、オーラル・ヒストリーが、あくまでも二次史料であるという伊藤の指摘は重要である。

第三節で参照した山本潔も、「『聴取り調査』雑感」と題するエッセーで「同時代人ではない若い研究者が、戦後労働運動史を研究する場合、生存する当事者からお話をうかがうことは、一つの有効な手段であることは間違いはない。しかしながら、この「聴取り調査」という手段には、大きな限界があることもたしかである」として、当事者の記憶ちがい、偏見・脚色等々の危険性を指摘する。そして、さらに「聴取り調査の帰り道には、最も長生きし、かつよくしゃべった人が「歴史をつくる」のではないか、という疑いが頭をかすめる。同時代人が死にたえたとき、最後に自らの立場で歴史を語り、死にたえた同時代人には反論がゆるされていないのだから、これほど不公平なことはない」とまで述べている。[21]

新聞史のみならず、メディア史研究全般においても、文献史料が残っていないもの、あるいはその周辺の情報を得る手段としてのオーラル・ヒストリーの有効性は高いと考えられる。その一方で、記憶の曖昧さや不確かさ、変容については留意が必要であろう。したがって、史料批判や他の史料との照合が不可欠であることは言うまでもない。

また、本稿でも参照した大原社会問題研究所の吉田健二は、数多くの聴きとりを行ってきた経験から、「筆者が聞き手のモラルとして厳しく守っているのは、自己が設定する研究テーマに引き寄せた形での「誘導尋問」的なヒアリング、あるいは仮説モデルを設定して自己の筋を確認するために証言を引き出すという意図は、邪悪であり、決して抱いてはならないということである。オーラル・ヒストリーを第一次資料に準じた独自の重要な実証資料として扱うためには、良質な情報を大量に収集し、かつ事実の検証を公正な見地でおこなうことを可能とする質の高い証言内容となっていなければならない。[22]」と聞き手の心構えを説いている。この観点からすると、前節で紹介した戦後労働者運動史研究会による聴きとりは、研究者が自己の設定した仮説を確認するために聴きとりを行っていると言えなくもない。むろん、研究者が自己の問題意識や仮説を持つのは研究にあたって当然のことである。したがって、ここで重要なのは、その聴きとりが、どういう立場の人によって、どのような意図のもとで行われているのかを、聴きとり記録の利用者は十分に意識すべきであると言うことである。戦後労働者運動史研究会による聴きとりの場合は、聞き手の問題意識や仮説が明確に示されていたのであるが、むしろそれが明確に示されていない、あるいはそのことに無自覚に「誘導尋問」的な質問がなされる場合もあると言うことに留意したい。

また、吉田は、「筆者は、話し手の証言を一切の修正や補正なしにテープをありのまま文字に起こし、これを発表するのがオーラル・ヒストリーの基本である、という立場をとらない。また、通常は文書として残らない記憶を意識的に記録するのがオーラル・ヒストリーである、という説もとらない。繰り返しになるが、筆者にあってオーラル・ヒストリーとは、話し手＝証言者と聞き手＝研究者との対話によって生まれ、証言の信憑性や確実性は、双方における相互交渉により共同で構築される実証資料と理解する。筆者は、これを担保するためにも証言原稿の加筆・補正は当然の基本作業だと理解する[23]」とし、裏付け作業の重要性も指摘する。

最後に後世の研究者がオーラル・ヒストリー研究を使用する際の留意点について考えたい。当事者の証言等が、オーラル・ヒストリーとして公開されるまでにはいくつか超えなければならないハードルがあると考えられる。それは、さしあたり（1）本人が証言に応じるか、（2）本人の記憶の喪失や変形がどの程度あるか、（3）聞き手が誰で、どのような質問をするのか、（4）聞き手や編者による証言の加筆や補正が適切に行われるかどうか、（5）最終的に本人が公開に応じるか、といったことが考えられる。ただ、（2）について言えば、佐藤が指摘するように、記憶がないということ自体も立派な証言となり得る可能性があるという点には留意したい。

こうしたことから考えれば、オーラル・ヒストリーが公開されること自体がかなり特殊なことであり、普遍的なものではない。したがって、複数の史料とつきあわせることによって、その信憑性や客観性を担保することが重要であろう。

註

（1）山﨑茂男「聴きとりでつづる新聞史　略史」『日本新聞教育文化財団研究室年報』一七号、日本新聞教育文化財団、一九九九年、九ページ。

（2）江尻進「発刊にあたって」『別冊新聞研究』一号、日本新聞協会、一九七五年、三ページ。

（3）同、三ページ。

（4）山﨑前掲論文、一三ページ。

（5）同、一四ページ。

（6）内川芳美・西田長寿・春原昭彦「〈座談会〉魅力ある新聞人たち――「聴きとり」の舞台裏（下）」『別冊新聞研究』二号、日本新聞協会、一九七六年、七三ページ。

（7）江尻前掲論文、三ページ。

（8）山﨑前掲論文、八ページ。

（9）佐藤純子「『別冊新聞研究　聴きとりでつづる新聞史』を読んで」『過去のオーラルヒストリー研究会　戦後政治行政研究会　報告集1』近代日本史料研究会、二〇〇六年、五ページ。

（10）同、五ページ。

（11）同、一四ページ。

（12）山本潔『読売争議（一九四五・四六年）』御茶の水書房、一九七八年、三二一ページ。

（13）山本潔「労働調査（聴取り調査）とライフ・ヒストリー」『大原社会問題研究所雑誌』五八八号、法政大学大原社会問題研究所、二〇〇七年一一月、六ページ。

（14）吉田健二「読売争議のその後（1）　増山太助氏に聞く」『大原社会問題研究所雑誌』四八五号、法政大学大原社会問題研究所、一九九九年四月、四四ページ。

（15）米田綱路編『抵抗者たち　証言・戦後史の現場から』講談社、二〇〇四年、二八二ページ。

（16）戦後労働運動史研究会「戦後労働運動の「神話」を見直す「読売争議」の実態（上）」『世界』六五七号、岩波書店、一九九九年一月、二八三～二八四ページ。

(17)同、二九六ページ。

(18)戦後労働運動史研究会「戦後労働運動の「神話」を見直す「読売争議」の実態（下）」『世界』六五八号、岩波書店、一九九九年二月、二九九ページ。

(19)伊藤隆「歴史研究とオーラルヒストリー」『大原社会問題研究所雑誌』五八五号、法政大学大原社会問題研究所、二〇〇七年、一ページ。

(20)同、九ページ。

(21)初出は、『ＵＰ』四一号（東京大学出版会、一九七五年一〇月）であるが、ここでは、山本前掲書、三二四～三二五ページから引用した。

(22)吉田健二「大原社会問題研究所のオーラル・ヒストリー」『大原社会問題研究所雑誌』五八五号、法政大学大原社会問題研究所、二〇〇七年、五四ページ。

(23)同、五五ページ。

放送研究の方法としてのオーラル・ヒストリー

——放送関係者への聞き取りとその活用——

浜田幸絵

一　はじめに

近年、放送史研究の方法や資料に関する議論が活発に行われている。そのなかで、オーラル・ヒストリーの可能性が論じられることも多くなっている。[1] 米倉律が「放送史研究における資料の現状とオーラル・ヒストリーの可能性」についてまとめているところによれば、放送番組の公開は、NHKアーカイブスが二〇〇三年に設立されたことによって急速に進み、放送番組の学術利用も進んでいる。一方で、放送番組以外の文書資料（台本、脚本、企画書、広報資料、取材ノート、制作記録など）の保存・整備・公開は立ち遅れている。放送番組は「生産物（product）」であって、その制作の背景を探るためには、「副産物（by-product）」の分析も不可欠である。また番組公開は進んでいるものの、初期の番組については「送りっ放し」であったことから現存していないという制約もある。米倉は、こうした放送史研究の資料の貧困を補うためにオーラル・ヒストリーの活用が考えられるとしている。[2]

放送史における資料の現状やオーラル・ヒストリーの可能性については米倉論文などで既に指摘されている通りであり、ここで筆者が新たに付け加えることはない。本稿では、これまでに行われた放送関係者への聞き取りを整理し、公開されているものについては、聞き取りの実施から公表に至るまでの「方法」を検討する。こうした検討作業を通して、過去に行われたオーラル・ヒストリーの活用に際し留意すべき点や、これから行われるオーラル・ヒストリーの課題を指摘したい。

二　過去に行われた放送関係者への聞き取りの概要

これまでに行われた放送関係者への聞き取りには、大きく八種類がある（表一参照）。「放送研究の方法」としてのオーラル・ヒストリーという観点からいうと、放送の受け手（聴取者・視聴者）を対象とした調査が重要であることはいうまでもないが、そうした調査の存在を確認することはできなかった。ただし、放送関係の仕事に従事してきた人もまた、聴取者・視聴者であり、彼ら彼女らに対するインタビューの中で、聴取者や視聴者としての経験に話が及ぶことはある。また、表一に挙げたものは、組織的に計画・実施された聞き取りで、研究者個人が計画・実施した聞き取り調査は含まれていない。[3]

それでは、表一に挙げた八種類の証言の特徴を順番にみていきたい。名称が同じものもあるので便宜上、a～hのアルファベットを当てた。

aの『放送史への証言』は、放送関係者の聞き取り調査研究会（二〇〇〇年代に行われた調査では、「聞き取り・放送史への証言」調査研究会と改称している）が実施した聞き取り調査を全四巻に書籍化したものである。聞き取りが行われたのは、一九九〇年から二〇〇三年で、聞き取り対象者は一六名である。[4]

表1　放送関係者への聞き取りの種類

	証言の種類	聞き取り調査の実施者
a	『放送史への証言』I~IV	放送関係者の聞き取り調査研究会／「聞き取り・放送史への証言」調査研究会
b	「放送人の証言」	放送人の会
c	「放送史への証言」（『放送研究と調査』2003～2012年に掲載）	NHK 放送文化研究所
d	「放送のオーラル・ヒストリー」（『放送研究と調査』2013～2017年に掲載）	NHK 放送文化研究所
e	『放送五十年史』（1977年刊行）用に収集された証言	NHK 放送文化研究所
f	『テレビ創業期の人たちの証言集』１～７	NHK 放送文化研究所
g	「放送史ききがき余話」	NHK 放送文化研究所
h	『二〇世紀放送史』（2001年刊行）用に収集された証言	NHK 放送文化研究所

bの「放送人の証言」は、放送に関わる人々（現役・OB、研究者）の交流団体である「放送人の会」が、NHK・民放・電通などで放送にかかわってきた人たちの証言を録画・保存しているものである。一九九九年から収集された証言のリストは、同会のホームページ（http://www.hosojin.com/）で公開されていて、二〇一五年までの間に、一八二名の証言の収録が完了している。放送人の会の許諾を受ければ、研究者も、放送ライブラリー（横浜情報文化センター）で視聴できる。[5]

cの「放送史への証言」は、aと同タイトルであるが、『放送研究と調査』に二〇〇三年から二〇一二年にかけて掲載されたもので、全く別のものである。「放送史への証言」（c）では、過去の証言の再引用も一部みられるが、ほとんどの証言は、『放送研究と調査』掲載に際して収集されたものである。NHKなどで放送に関わってきた人たち、二四名がインタビュー対象となっている。

dの「放送のオーラル・ヒストリー」も、『放送研究と調査』に掲載されたものである。掲載年は二〇一三年から二〇一七年で、今後も継続していく可能性がある。このシリーズでは、過去の証言と新たに収録された証言とが用いられている。

ここまで（a～d）は、活字化されたものが公開されていたり研究目的であれば利用可能であったりする証言であるが、以下に挙げるe～hは、NHK放送文化研究所所蔵資料で、原則非公開となっている。資料の存在は『放送研究と調査』に掲載された複数の論文で明らかにされているので、それらに基づいてみていく。[6]

まず『放送五十年史』（一九七七年刊行）用に、一九六〇年頃から一九七七年にかけて、約二〇〇名を対象に行った聞き取り調査の資料（e）がある。各地方局、パラオ放送局開局に関する証言で、オープンリール一三二巻、カセットテープ一三八本に保存されている。

次に、『テレビ創業期の人たちの証言集』（f）がある。これは、冊子として保存されていて、七冊からなる。聞き取りが実施されたのは、一九七六年から一九七七年、聞き手はNHK放送文化研究所番組研究部職員、聞き取り対象者は二七名である。戦前から一九五七年までの期間を対象に、政策決定者、実験関係者、カメラ・フィルムの関係者、ディレクター、アナウンサー、評論家、記録映画作家、短編映画会社社長が証言を行っている。

gの「放送史ききがき余話」は、一九八〇年から一九八九年にかけて、約六〇名を対象に行われた聞き取りの資料である。証言者は、高柳健次郎や坂本朝一である。カセットテープが七六本あり、デジタル化も完了している。『放送研究と調査』（一九八五年四月〜一九八六年一二月）には「放送史ききがき余話」と題したコラムがあり、この中で、証言の一部が用いられている。ただ、このコラムで引用されている証言は非常に短いもので、ここから証言内容の全体像を窺い知ることは困難である。(7)

最後に、『二〇世紀放送史』（二〇〇一年刊行）用に収集された証言（h）がある。一九九三年から二〇〇〇年にかけて、約二〇〇名を対象に聞き取りが行われた。代表的な証言者に、藤本義一、兼高かおる、石井ふく子、田英夫がいる。カセットテープ二〇二本に保存されていて、デジタル化も行われているという。

以上、八種類の放送関係者に対する聞き取りを概観しただけでも、研究利用の観点から、いくつか気がかりな点がある。まず、非公開の証言が多い。また、a、c、dのように、アクセスできるのは活字化された資料に限られ、聞き取りを収録した音声資料の確認ができないものも少なくない（このことの問題点は、後から詳述する）。bは映像資料であるが、研究利用を行う際には本人または家族や遺族から許諾を取る必要がある。(8)

次に、証言者の重複がみられることである。放送関係者の聞き取り調査は、多様な職種・所属の方を対象に行われてきたが、それでも、成功して名を成したアナウンサー、プロデューサー、記者、技術者、経営者に集中しがちである。聞き取りに積極的に応じる傾向にある人とそうではない人がいるということも影響しているだろう。同じ証言者が別の種類の聞き取り調査に答えていることが少なくないため、研究者がオーラル・ヒストリーを活用する際には、複数の資料を相互につき合わせながらみていく必要がある。

また、証言が収録された日・場所、インタビューアーが誰なのかがわからないものも少なくない。次章以降で見ていくように、オーラル・ヒストリーにおいて語られたものは、「事実」であるかどうかが極めて疑わしいケースが少なくない。証言内容を検証するためには、聞き取り調査が行われた時の状況ができるだけ詳細に記録されていることが望ましい。語られたものを「事実」として理解するのではなく、語り手のとらえた主観的世界を読み解くために用いるという立場もあるだろう。ただ、証言者がどのように語ったのかを分析しようとするのであれば一層、いつ、どこで、誰が聞いたのかといった基本的な情報は必須である。ライフストーリー研究やライフヒストリー研究では、インタビューは、語り手と聞き手の相互作用によって引き出されるものであることが常識となっている。インタビューアーの存在形態が、この相互作用の実質を規定し、特にインタビューアーの権力が強い場合、語り手は、インタビューアーの聞きたがっているストーリーを語る傾向にあるといわれている[9]。

以上、過去に行われた聞き取り調査を概観し、その問題点ないしは特徴として、第一に、公開性の問題、第二に、証言者の重複、第三に、証言収録に関する基本的情報の欠如を挙げたが、これは、研究者が個人や数人のグループで実施したオーラル・ヒストリーについても当てはまるだろう。この十年ほどの間、録音・録画のための機器がより手軽に調達できるようになったこともあり、研究者が聞き取り調査を実践しやすくなっている[10]。研究者が個人やグループで行った聞き取り調査の結果としてのオーラル・ヒストリーもまた貴重な資料であるが、組織的に実施されたもの以上に、公開されにくく、それゆえ反証不可能で、その存在すら、ほとんど知られていないように思われる。

三 「放送史への証言」（a）

続いて、活字化されて公開されているオーラル・ヒストリーをやや詳しくみることで、聞き取りの方法をめぐる問題点を考えていきたい。本章では、一九九〇年から二〇〇三年にかけて行われた『放送史への証言』（a）、次章とその次の章では、二〇〇三年から二〇一二年にかけて行われた「放送史への証言」（c）、二〇一三年から現在まで行われている「放送のオーラル・ヒストリー」（d）をみていく。

『放送史への証言』（a）で行われた聞き取り調査の概要は、表二のようになっている。聞き手は、内川芳美（成蹊大学教授・東京大学名誉教授）、大森幸男（放送評論家）、植田豊（前日本放送教育協会理事長・元ＮＨＫ専務理事）など、大学の研究者やかつて同じ現場で働いていた同業者であり、それゆえ、証言者との間で繰り広げられるやり取りは、かなり専門的な内容となっている。

この調査では、聞き取りの目的は、聞き取り対象者に予め伝えられ、事前にメモも渡されていたようである。それを筆者が知ることができるのは、「今回、研究会の事務局でいろいろとメモを送ってきてくれたので助かりました[11]」など、本題に入る前のやりとりまでもが、テキスト化されているからである。

聞き手と話し手のやりとりを文字起こしすることによって、聞き取りの現場の雰囲気や状況を追体験することが可能となる。しかし、話されたものをそのままテキスト化することには、問題もある。筆者の気がついた点をいくつか指摘すると、川平朝清のインタビューでは、「実際に〇〇〇に会いました[12]」と表記された箇所がある。おそらくテープ起こしの段階で聞き取れず、そのままにされていたので

表2 『放送史への証言』(a) で行われた聞き取り調査の概要

聞き取り実施日	対象者	聞き取りの内容
1990/7/3、8/14	網島毅、松田英一、村井修一	放送関係の終戦処理、電波三法立案の経緯
1990/3/2	鈴木竹雄	NHK の設立、日本文化放送協会の運営
1990/2/20	矢野一郎	初代 NHK 経営委員長としての仕事、NHK 発足の経緯
1990/2/26	酒井三郎	民放連の設立と初期の活動
1990/11/9	春日由三	演芸番組から編成・経営へ
1990/12/11	川上行蔵	教育放送と公共放送経営
1992/3/13	大木貞一、国枝忠雄	占領下の労働組合と放送スト
1992/2/27	松岡謙一郎	民間教育テレビの苦闘
2001/3/30	村井修一	電波三法の立案
2001/5/19	吉田行範	沖縄関係
2001/9/14	加藤寅三	初期の民放、広告関係
2001/9/25	下地常政	沖縄の放送行政
2003/10/9	川平朝清	沖縄の放送行政
2002/11/1	澤村吉克	放送技術

『放送史への証言』I~IV に基づき浜田作成。

あろう。加藤寅三のインタビューでは、聞き手である泉長人（元民放連専務理事）が、「山中太陽堂」と発言しているが、これも「中山太陽堂」の誤りである。[13] また、吉田行範のインタビューでは、「沖縄の当間順郷（ラジオ沖縄社長）さんがＮＨＫにやって来られて」[14] と表記された箇所があるが〈丸括弧内は、テープ起こしの段階で補足として挿入されたものだと考えられる〉、これも「当間順郷」は「重《じゅう》剛《ごう》」の誤りであると考えられる。テープ起こしを行う段階で発言内容が不明瞭なところがあれば証言者に確認する、テキスト化したものを証言者や聞き手に読んでもらって内容を確定させるといった作業が行われていれば、こうした誤りは回避できたはずである。

証言者の記憶が曖昧で、実際に起こったことと別のことが証言されるケースもある。記憶違いは、個人の能力の問題ではなく誰しも起こしてしまうことがあるもので、オーラル・ヒストリーを研究方法として採用するに際しては、必ず留意しなければならない。

記憶が鮮明でないことが、証言者の側から表明されるケースもある。加藤寅三のインタビューでは、次のようなやりとりがある。

内川　ここに、『昭和広告証言史』という本がありますが、ご記憶でいらっしゃいますか。

加藤　いやぁ、ちょっと記憶がありませんが……

内川　この中に、加藤さんのインタビューの記録があります。これは昭和五三年に宣伝会議がつくった本です。連載をまとめたもののようです。

仲佐　著者は南博さん門下で社会心理学の渋谷重光という方です。

加藤　歳をとってぼけたのでしょうか。記憶がありませんね。[15]

聞き取りが行われた当時、加藤は八八歳であり、二十数年前に受けたインタビューのことを全く覚えていないという。「放送史への証言」（ａ）のインタビュー対象は、有力者が多く、戦中・戦後の激動の時代を生きてきたからこそ、様々な出来事を経験し、それについてインタビュー等で語る機会も多かったと推測できる。類似したケースとして、御厨貴が、官僚のオーラル・ヒストリーで、話し手が過去に書いていた文章や話し手が登場する新聞記事などを持ち出しても、官僚は覚えていないことが多い、と述べている。御厨は、その理由について、彼らにとっては「仕事の刹那的な行為の一つにすぎない[16]」からであると説明している。加藤が二十年以上前の現役時代に受けたインタビューのことを全く覚えていないというのも、無理もなかったといえる。

一方で、聞き取りに応じる前に、自分が過去に関係した文書を整理し、記憶をよみがえらせた証言者もいる。澤村吉克はインタビューの冒頭で、「私は普段からメモなどとらないし、ポストが変わるごとに資料も処分してしまうから、何も残っていないんだが…。放送史などをひもどきまして、多少思い出して拾い書きしてまいりました[17]」と述べている。

それでも澤村の発言には、矛盾するところがある。澤村は、昭和三九（一九六四）年の東京オリンピックで一番記憶に残っているのは放送センター建設の問題である、放送センターを代々木に移す構想がオリンピック施設委員会で話し合われたとしている。この放送センターの建設に関して、澤村は「当時は、ＮＨＫ会長が前田（義徳）さん、郵政大臣が田中角栄氏、風呂敷の大きい人同士が話し合って、三万坪欲しい、できれば五万坪欲しいなと話し合っていた」と説明し、この前田・田中のコンビにオリンピック施設委員会委員長の岸田日出刀が反対していたことを臨場感たっぷりに話しているが[18]、当時のＮＨＫ会長は阿部真之助で、前田会長が誕生するのは一九六四年七月であり、田中角栄が郵政大臣であったのは一九五七年七月から一九五八年六月である。ワシントンハイツ跡地へのNHK放送センター建設計画がオリンピックの特別施設委員会で問題となっていたのは、一九六二年の後半から一九六三年の初頭であり[19]、前田がNHK会長だった時期や田中が郵政大臣だった時期ではない。（放送センターが実際に移転した一九七三年は、前田会長に田中角栄首相であった。）

証言者の記憶違いを、聞き手が訂正するかどうかという問題もある。吉田行範のインタビューでは、沖縄と本土とを結ぶマイクロ回線の敷設に関して繰り返し質問が行われている。

吉田は、インタビューの中で、マイクロ回線を引くために、昭和三八（一九六三）年一〇月末、NHKから総勢六名で沖縄に行きキャラウェイ高等弁務官に会った、そして沖縄のためにNHKはどうしてもサービスしたいと要請した、と述べている。しかし、『沖縄放送協会史』をはじめとする複数の資料によれば、一九六〇年八月に大田政作琉球政府行政主席が池田勇人首相に、沖縄に対する経済協力の一環として沖縄と本土を結ぶマイクロ回線の設置を依頼、翌年から工事が行われ、一九六三年一一月に建設は完了していた[20]。一一月三日には、開通式も予定されていた[21]。『沖縄放送協会史』によると、キャラウェイは、一九六三年九月二九日付で、本土からマイクロ回線で送られるNHKの番組を録音・録画するためのクリアリング・ハウスの設置を認め、その具体的な運用条件をめぐる交渉のために、NHKの代表団の来沖を求めた。一九六三年一〇月末に吉田らNHK一行が来沖したのは、クリアリング・ハウスの設置と運用をめぐって、琉球電信電話公社などと具体的交渉を進めるためであった[22]。

『放送史への証言』（a）の調査で、吉田のインタビューを行ったメンバーの中には、昭和三八（一九六三）年にNHK内で沖縄を担当する経営二部に入ったという植田豊や研究者の内川芳美がいた。聞き取り調査では、マイクロ回線を引くのを認めさせることがキャラウェイとの交渉の中心であったとする吉田に対し、植田や内川が、交渉目的に関して多方面から質問を繰り返している。内川に至っては「吉田さんがキャラウエィとお会いになった時の話の中心議題は、NHKが学校放送番組を沖縄に定期的に継続的に提供することを認めよ、ということではなかったですか[23]」と問うているが、吉田の説明は、最後まで大きく変わることはなかった。

聞き手や読み手の立場からすると、当事者の発言を信用してしまいそうになるが、ここに挙げた事例からわかるように、オーラル・ヒストリーでは、歴史的事実とは異なることが語られるケースが少なくない。澤田や吉田の発言は、文書資料と照らし合わせると時間的な前後関係に混乱が生じていることが判明する。それをそのまま、歴史記述に利用することはできない。語り手は、出来事や経験を語るのであって、その語りを年表に落とし込むことが非常に難しいことは、ライフストーリーの研究者が指摘していることでもある(24)。

語りの中にある様々な記憶違いや誤りに気がつくためには、研究者の側が、すでに関連する事柄についての知識を備えていることが条件となる。逆にいうと、研究者の側に知識が不足していると、オーラル・ヒストリーで語られたことをそのまま鵜呑みにしてしまうことになってしまう。(なお、『放送史への証言』(a)の第四巻の巻末には、沖縄の放送に関する年表がつけられている。読者はこの年表と照らし合わせて、証言内容を理解するようにということであろうか。)

最後に、『放送史への証言』(a)の聞き取りの形態について、みていきたい。表二にあるように、聞き取り対象者が一人のケースと複数人のケースとがある。一人のケースは、人物に焦点を当てていて、その個人の歩みが語られることが多い。加藤寅三や川平朝清の場合は、生い立ち、戦前の満洲や台湾での経験、放送と関わるようになった経緯などが細かく記されている。戦後初期の放送に、どのような人物がかかわってきたか、そこに、満洲や台湾の放送との連続性がどのように見いだされるかを考えるうえで、興味深い内容となっている。

一方、複数人を対象としたインタビューは、どちらかというと、テーマを探求するかたちとなっている。あるテーマに関係した証言者を同時にインタビューすることで、相互に好影響を及ぼし、記憶が喚起されると考えられる。

基本的に、聞き取りは一回行われるだけであるが、村井修一に対しては、二回調査が行われている。村井は、放送関係の終戦処理、電波三法立案に関するインタビューで網島毅や松田英一とともに答えているが、約十年後に、再び、インタビューに応じている。村井は二回目のインタビューで、「私も、この場が最後の貴重な機会だと思っております。そう考えて、自分なりにメモを作成して参りました。この際、正確な放送の歴史を残すために、私が知っていることは全部話しておきたいと考えております。と申しますのは、往々にして諸先輩の書いたものを拝見しますと、必ずしも正確でないこともあるのです。そのことをこの研究会の先生方には知っていただき、正確な記録を後世に残していただきたいと大いに期待しています」(25)と述べていて、事前に詳細なメモも用意されたようである。聞き取り対象となることを本人が希望したと推察できる。

四 「放送史への証言」（c）

続いて、NHK放送文化研究所が行った「放送史への証言」シリーズをみていきたい。

このシリーズでは、聞き手は、NHK放送文化研究所の研究員である。新規のヒアリングは、おそらく雑誌での公表を前提として行われている。この点が、NHKが年史編纂を目的として収集した聞き取りとは異なる点である。

表三にあるように、「放送史への証言」（c）で対象となっているのは、ディレクター、記者、カメラマン、アナウンサー、美術担当、営業担当、事業担当、研究者などで、戦後の放送の制度設計や経営に関係した人たちに対する聞き取りが多かった『放送史への証言』（a）と比べて、聞き取り対象者の拡大がみられる。

「放送史への証言」（c）は、読み物として構成されている。実際には、語り手と聞き手とのやり取りがあり、それが証言の内容に影響しているはずである。しかし『放送史への証言』（a）が、本題とは関係のないような会話までも活字化しているのに対し、「放送史への証言」（c）では、そうした会話は削られているため、聞き取りの目的が事前に証言者に伝えられていたか、証言者がどの程度の準備をして聞き取りに臨んでいたかなどが、わからない。聞き手の質問が掲載されていない原稿も多い。雑誌掲載という形式をとっているため紙幅に制約があったとも考えられるが、編集によって発言の背景がわかりにくくなっているため、研究のために二次的に利用する際には慎重にならざるをえない。

もっとも、このシリーズには、ヒアリングの状況（日時・場所、場合によっては年齢や現在の生活）が明記されたものも、いくらかある。例えば、「放送史への証言」の第一回目では、占領期にGHQの意向で設けられた放送委員会のメンバーであった近藤康男のインタビューを紹介しているが、そこには、ヒアリングの状況として「近藤氏は一〇四歳と高齢であるため、五十数年昔の放送委員会の活動について記憶の定かでない部分も多く、その断片を思い起こしながら話された」、「ヒアリングの取りまとめにあたっては、要点をつなぎ合わせながら、残された近藤氏の「メモ」や近藤氏の著作『一農政学徒の回想』（農文協、一九七六年）の記述を補強資料として採用した[26]」といった説明がある。これらは、後世の研究者が公表された証言内容を理解する際の助けになるといえるだろう。

「放送史への証言」（c）も、『放送史への証言』（a）と同様に、かなり高齢の証言者に、昔の話を聞いているケースが多い。近藤のように、証言者の中には、著作がある人

表3 「放送史への証言」(c)の記事一覧

著者・タイトル	掲載号	証言者・証言収録日
前川佐重郎「占領下、「放送委員会」が果たした役割—放送委員2人の証言」	2003/10	近藤康男(2003/5/2)、浜田成徳(1961/10/2)
前川佐重郎・杉崎繁「雑誌に仕掛けられた「素顔論争」—吉田直哉氏に聞く」	2003/11	吉田直哉(2003/6/25)
太田昌宏・前川佐重郎・杉崎繁「「テレビプロダクション」の草創—村木良彦氏に聞く」	2003/12	村木良彦(2003/9/4)
放送史グループ「NHK、『ジェスチャー』から民放. ワイドショー司会者へ—小川宏氏に聞く」	2004/4	小川宏(2003/12/9)
放送史グループ「現場に出るニュースアナウンサー—大塚利兵衛氏に聞く」	2004/5	大塚利兵衛(2004/1/21)
放送史グループ「テレビ一期生の女性アナウンサー—後藤美代子氏に聞く」	2004/6	後藤美代子(2004/1/29)
放送史グループ「“新聞に追いつき追い越せ”—報道現場三氏の回想」	2005/3	畑源生、玉木存、船久保晟一(証言収録日不明)
松本安生「ドラマづくりは阿吽の呼吸—深町幸男氏に聞く」	2009/8	深町幸男(2009/1/28、5/13)
松井泰弘「テレビ放送開始　毎日映画を作ってた『NHKフィルムドラマの会』—フィルムドラマの会・世話人、元NHK美術部長、小池晴二さんに聞く」	2010/4	小池晴二(証言収録日不明)
廣谷鏡子「“制約”のなかの自由—テレビ美術・タイトルデザインの草創期、そしてこれから」	2010/12	渡辺裕英(2010/3/19)、堀正芳(2010/3/19)、篠原榮太(2010/8/23)
廣谷鏡子「カメラマンは被写体と対話する—テレビドキュメンタリーの青春期(前編/後編)」	2011/2、3	湯浅正次(2010/11/15、12/7)
柴田隆「チャンスを作り夢をかなえる—日本初の女性テレビカメラマンが歩んだパイオニア人生」	2011/5	金子鮎子(2011/2/15)
廣谷鏡子「テレビはもう一度“生”に戻れ—雑魚番組が輝いた!美術デザイナーの楽しき挑戦」	2011/7	三原康博(2010/12/18)、山田満郎(2011/3/9)
米倉律「現場から汲み上げる放送研究をめざして—「テレビ的リアリティー」をどう理解するか」	2011/9	藤竹暁(証言収録日不明)
柴田隆「視聴者とNHKをつなぐ営業現場—受信料制度を支え続けた40年」	2011/10	増尾豊(2011/7/6)
加藤元宣「竹山昭子さん(放送史研究家)戦前・戦中・戦後を通してみた体験的放送史(前編/後編)」	2011/12、2012/1	竹山昭子(2011/6/21)
柴田隆「樋口秀夫さん(元NHK事業部長)放送と視聴者をつないだ事業の仕掛け人30年の歴史」	2012/2	樋口秀夫(2011/11/16)
村上聖一「大場吉延さん(元NHK理事)規格統一で揺れ続けたハイビジョン開発—MUSE開発からデジタル方式への転換まで」	2012/4	大場吉延(2011/12/16)

『放送研究と調査』(2003～2012)に基づき浜田作成。

も少なくない。研究者が証言を解釈する際には、証言内容と文書資料の内容を照合することが必要になってくる。また、証言者が、過去に作成した資料に基づいて証言を行ったことも多いと考えられる。文書資料（著作やメモ）が証言内容にどの程度、影響を与えているか、を考える必要があるだろう。

五　「放送のオーラル・ヒストリー」（d）

最後に、二〇一三年から『放送研究と調査』に掲載されている「放送のオーラル・ヒストリー」シリーズについて、みていく。

このシリーズでは、複数の証言を相互に参照しながら、歴史を組み立てている。著書や「放送人の証言」（b）からの引用も、目立つ。

「放送史への証言」（c）では、一人の話をじっくりと聞くというタイプが多かったのに対し、「放送のオーラル・ヒストリー」では、大きなテーマが設定されている。複数の関係者の語りをまとめていく傾向がみられ、聞き取りを活用して、「歴史」を描き出そうという試みであることがわかる。表四にあるように、これまでに取り上げられたテーマは、生ドラマの放送現場、放送の国際化、テレビ美術の成立と変容、放送界で働く女性たちである。いずれも、文書には残りにくい内容、「正史」では語られにくかった内容を含んでおり、ここにオーラル・ヒストリーを用いた研究の意義がある。オーラル・ヒストリーの活用の段階に入っていることをうかがわせる。

しかし、複数のヒアリングをつなぎあわせて特定のテーマを探求するという形をとっていることにより、個々のヒアリングの状況がわかりにくくなっている。前述のように、聞き取り調査から得られた情報は、聞き手と語り手との相互作用の産物であり、記憶違いや発言ミスが生じることも少なくない。異なる時期に、異なる対象者に対して行われたヒアリングをつなぎ合わせることは慎重に行っていく必要がある。一人の人間の聞き取り調査では、主観的世界が提示されるだけで、大きなテーマを見出しにくい。「放送のオーラル・ヒストリー」は、一人一人の語りを、より大きな文脈に位置づけようという試みである。しかし、より大きな文脈に位置づけようとすればするほど、一つ一つの発言の文脈がわからなくなってしまうというジレンマに陥ってしまうといった側面もある。

六　おわりに

本稿では、これまでに行われた放送関係者への聞き取りを振り返り、特に『放送史への証言』（a）、「放送史への

表4「放送のオーラル・ヒストリー」(d)の記事一覧

著者・タイトル	掲載号	証言者・証言収録日
廣谷鏡子「「生ドラマ」時代の放送現場」	2013/1	ディレクター・プロデューサー・美術担当者・技術担当者などによる41件の証言
東山一郎「放送の国際化の現場①国際関係業務の実相―1970－80年代を中心に」	2013/5	清水眞一(2012/2/21)、小林千鶴子(2013/2/12)
東山一郎「放送の国際化の現場②「スポーツ放送国際化」の舞台裏」	2013/10	藤田潔(2013/5)、ジャック坂崎(2013/6)、杉山茂(2013/2、2013/6)
廣谷鏡子「「テレビ美術」の成立と変容(1)文字のデザイン」	2014/1	篠原榮太(2010/8/23)、加藤整(2012/11/11、2013/1/13)、竹内志朗(2013/1/12)、渡辺裕英(2010/3/19)、堀正芳(2010/3/19)、井関博美(2010/4/13)、橋本彰夫(2013/10/31)、小野耕平(2013/10/24、11/7)、秋山匡司(2013/10/31)
廣谷鏡子「「テレビ美術」の成立と変容(2)ドラマのセットデザイン」	2014/4	橋本潔(2001/12/25、13/2/20)、森真人(2009/5/19)、坂上建司(2014/1/15)、富樫直人(2008/4/12)
廣谷鏡子「「テレビ美術」の成立と変容(3)"人"を拵える人たち―メイク、かつら、衣装」	2015/1	上野梨也、栗山清、三村要、岩崎敬二(座談会2013/10/10、個別インタビュー2014/10/9－11、17)、神山繁(2005/12/22). 栃木始(2007/2/21)
廣谷鏡子「「テレビ美術」の成立と変容(4)、(5)時代劇スタジオをつくる人たち―前編:大道具、造園、特殊効果/後編:造画、小道具、美術進行」	2015/12、2016/1	NHKで時代劇に携わった関係者12人(座談会2013/10/9、2015/6/9、11)、原恒雄(証言収録日不明)、橋本潔(証言収録日不明)
廣谷鏡子「「テレビ美術」の成立と変容(最終回)テレビ美術の60年、現在、そして未来へ」	2016/3	―
廣谷鏡子「「放送ウーマン」史(1)武井昭子さん―普通の「女の子」が、戦争を経て、言葉のプロになるまで」	2016/4	武井照子(2015/6/19)
廣谷鏡子「「放送ウーマン」史(2)國嶋芳子さん(テレビ美術デザイナー)―しなやかに「男社会」を駆け抜ける」	2016/7	國嶋芳子(2012/11/12、2016/3/28)
広谷鏡子「「放送ウーマン」史(3)岡本直美さん(元日本放送労働組合書記長)―"労働者"と"女性"の視線で見つめた放送界」	2017/6	岡本直美(2016/12/9)

『放送研究と調査』(2013～2017)に基づき浜田作成。

証言」（c）、「放送のオーラル・ヒストリー」（d）については、公表のあり方までも含めて聞き取り調査の方法を検討した。

放送史におけるオーラル・ヒストリーの活用は、NHKが中心となって長いこと行われてきた。廣瀬鏡子が二〇一三年一月に発表している論文によると、NHK放送文化研究所には、七〇〇件余りの証言が所蔵されている。[27] NHK放送文化研究所所蔵資料に『放送史への証言』（a）、「放送人の証言」（b）を加えると、これまでに、様々な時代・職種・所属の人のインタビューが蓄積されていて、放送を多角的にとらえていくうえで貴重な資料となっている。米倉論文などですでに指摘されているように、放送史研究のための資料の保存・整理・公開は十分ではなく、それを補完するものとしてオーラル・ヒストリーの活用が考えられることは、確かである。[28]

しかし、これまでに公表されているオーラル・ヒストリーには、様々な問題もあり、無批判にこれらを研究に利用することは危険でもある。また、収集段階では研究目的での利用や公開を前提としていなかったものが多くあることから、現在、研究のために活用できる状態にあるものが少ないことが最大の問題となっている。

本稿では、『放送史への証言』（a）、「放送史への証言」（c）、「放送のオーラル・ヒストリー」（d）といった活字化された証言を検討したが、活字化されたものは、多かれ少なかれ、編集されている。オーラル・ヒストリーを活用した放送史研究では、執筆者自身の行った聞き取り調査だけでは不十分で、過去に収集された複数の証言にあたっていく必要があることが多い。また、聞き手が誰であるか、調査対象者とどのような関係にあるか、調査対象者の置かれた状況（現在どのような立場にあり、何を記憶しているか、どのような準備をしてインタビューに臨んでいるか、どのような形でインタビューが行われたか）によって、証言内容は変わってくる。そうした観点からも、成果物にヒアリングの状況が詳細に記されていること、音声データにもアクセスできる状態になっていることが望ましい。インタビューの現場でのやりとりにおいて、声音、声の抑揚、表情などの非言語的表現が果たしている役割は大きいが、文字化によって、これらの非言語的表現は削ぎ落とされてしまう。しかし音声データがあれば、声の調子などから、話し手の意図や戸惑い、話題の転換などを読み取ることもできるだろう。

オーラル・ヒストリーでは、言い間違いや記憶違いも多く発生するから、音声資料であれ、活字化された資料であれ、証言内容をそのまま鵜呑みにしないようにするよう心掛けることも重要である。証言者の思い込みに巻き込まれないよう、研究者には、様々な資料をつきあわせて判断していく姿勢が求められる。

今後行われる聞き取りについても、聞き取りの行い方、インタビューの保存・公表のあり方を議論する必要があるだろう。聞き取り対象者が、高齢になりすぎないうちに、調査を行うことが必要である。また、形式を変えて繰り返し調査を行うことも効果的だと思われる。

聞き取り対象者に誰を選ぶのか、誰が聞き手となるのか、という問題もある。放送研究のためのオーラル・ヒストリーといったときには、あらゆる人・あらゆる種類の証言が収集対象となりうる。ただ、実際には個々の研究では、テーマがある程度決まっているはずであり、その研究テーマに即した話ができる人というのは、限られてくる可能性はある。

これまでのオーラル・ヒストリーでは、聞き手と語り手との距離が近く、かなり専門性の高い内容になっていることも少なくない。それゆえ、共有された文脈の外にいる人たちが、そこでのやりとりに価値を見出すことが難しいということも生じてしまっているように感じる。細かな人間関係や過去の技術・放送番組の話題は、当人たちにとっては、特別な注釈をつけることなく理解できることであるかもしれないが、それらのことをよく知らない人にとっては、理解が難しい(29)。後の時代の人たちがそれを研究に役立てることが可能なような記述の工夫をする必要がある。

註

(1) 廣谷鏡子＝松山秀明「オーラル・ヒストリーを用いた新しい放送研究の可能性」『放送研究と調査』六二巻一号（二〇一二年一月）、四六―五五頁、宮川大介＝村上聖一＝磯崎咲美「放送史資料　収集・保存・公開の方法論を探る―NHK文研所蔵資料の研究活用に向けて」『NHK放送文化研究所年報』第五六集（二〇一二年）、九七―一三四頁、日本オーラル・ヒストリー学会シンポジウム記録「オーラル・ヒストリーで編み直す放送史」『日本オーラル・ヒストリー研究』一一号（二〇一五年九月）、一―五六頁

(2) 米倉律「放送史研究における資料の現状とオーラル・ヒストリーの可能性」『日本オーラル・ヒストリー研究』一一号（二〇一五年九月）、三一―四頁

(3) 研究集会では加島卓氏より言及があったが、今回の報告で取り上げたもののほかに、『ザ・ベストテン』の番組美術デザイナー・三原康博へのインタビュー（テレビ美術研究会が実施）をメインとして一冊の本にまとめた三原康博著・テレビ美術研究会編『ザ・ベストテンの作り方：音楽を絵にする仕事』双葉社、二〇一二年がある。

（4）放送関係者の聞き取り調査研究会監修、放送文化基金編『放送史への証言（Ⅰ）』日本放送教育協会、一九九三年、放送関係者の聞き取り調査研究会監修、放送文化基金編『放送史への証言（Ⅱ）』日本放送教育協会、一九九五年、「聞き取り・放送史への証言」調査研究会監修・編『放送史への証言（Ⅲ）』放文社、二〇〇二年、「聞き取り・放送史への証言」調査研究会監修・編『放送史への証言（Ⅳ）』放文社、二〇〇七年

（5）https://www.bpcj.or.jp/info/dvd.html（二〇一七年九月一四日最終アクセス）

（6）廣谷＝松山前掲論文、宮川＝村上＝磯崎前掲論文、米倉律「『テレビ創業期の人たちの証言集一〜七』（一九七八年）」『放送研究と調査』二〇一一年七月、九六―九九頁

（7）このコラムが対象としているのは、戦前から占領期である。著者は佐藤喜徳郎（放送情報調査部）となっている。

（8）米倉前掲『日本オーラル・ヒストリー研究』掲載論文、七頁

（9）佐藤健二「ライフヒストリー研究の位相」中野卓＝桜井厚編『ライフヒストリーの社会学』弘文堂、一九九五年、二六頁、桜井厚『ライフストーリー論』弘文堂、二〇一二年、一〇九頁

（10）日本オーラル・ヒストリー学会第一五回大会（二〇一七年九月二日）でも、放送に関する報告が二つあったようである（片山淳「聞き書き調査で読み解いた米国大統領選―一九六四年のTVCM〝Daisy〟を事例として」、西村秀樹＝小黒純「テレビの社会派ドキュメンタリーはいかに制作されたか？―伊東英朗氏が手がけたシリーズ『X年後』（南海放送）を事例に」）。日本マスコミュニケーション学会二〇一七年春季研究発表会（二〇一七年六月一七日）でも、文献調査と聞き取り調査を組み合わせて、ある漁村でのテレビの受容を民族誌的に描き出した研究報告があった（太田美奈子「地方における初期テレビ受容―青森県下北郡佐井村（一九五七―一九五九）を事例に」）。

（11）前掲『放送史への証言（Ⅲ）』、七五頁

（12）前掲『放送史への証言（Ⅳ）』、一〇一頁

（13）前掲『放送史への証言（Ⅲ）』、一四三―一四四頁

（14）同右、七六頁

（15）同右、一一二頁

（16）御厨貴『オーラル・ヒストリー―現代史のための口述記録』中央公論新社、二〇〇二年、一四一頁

（17）前掲『放送史への証言（Ⅳ）』、一〇八頁

（18）同右、一三四―一三五頁

（19）オリンピック東京大会組織委員会『オリンピック東京大会資料集第七巻』オリンピック東京大会組織委員会、一九六五年、三、一八頁

（20）沖縄放送協会資料保存研究会編『沖縄放送協会史』沖縄放送協会資料保存研究会、一九八二年、二二頁

（21）『沖縄の放送史』ＮＨＫ沖縄放送局、一九七〇年、三〇頁。

実際に開通式が行われたのは、一九六四年九月一日であった。

(22) 沖縄放送協会資料保存研究会編、前掲書、二四頁

(23) 前掲『放送史への証言（Ⅲ）』、九〇頁

(24) 桜井前掲書、五二―六三頁

(25) 前掲『放送史への証言（Ⅲ）』、一〇―一一頁

(26) 前川佐重郎「占領下、「放送委員会」が果たした役割」『放送研究と調査』二〇〇三年一〇月、五五頁

(27) 廣瀬鏡子「「生ドラマ」時代の放送現場」『放送研究と調査』二〇一三年一月、五二―七〇頁

(28) 米倉『日本オーラル・ヒストリー研究』掲載前掲論文

(29) 似たようなことは、日本オーラル・ヒストリー学会二〇一四年度大会でも指摘されていたようである。八木良広「オーラル・ヒストリーは放送史をいかにして書きかえうるか」『日本オーラル・ヒストリー研究』一一号（二〇一五年九月）、五三―五四頁参照。

広告研究の方法としてのオーラル・ヒストリー
――広告史を中心に――

加島　卓

一　広告研究と歴史記述

広告研究において個別の歴史記述を束ねるような動きが出たのは、一九七〇年代以降のことである。『日本広告発達史』（電通、上巻：一九七六年、下巻：一九八〇年）の編者によると、当時の問題意識は次の通りである。

「わが国の広告史に関する本は、これまで少なからず出版されている。そして、それらは、おのおの一定の特徴をそなえた貴重な文献である。だた、いずれも、たとえば新聞広告のような個別的な媒体広告史や、広告表現に即した広告史、ないしは広告代理業の社史などにとどまっていて、多様な広告活動全般の歴史を統一的にとらえたものは、まだ残念ながら見当たらない。そこで、この際、そのような広い視野から見た客観的な日本広告発達史の刊行を考えてみたい」（内川一九七六年、Ⅰ）。

内川としては、こうした企画そのものが「電通の創立七十五周年記念事業のひとつ」であることを認めている（内川一九八〇、五六九頁）。また同時期には吉田秀雄記念事業財団（一九六五年）や日経広告研究所（一九六八年）が設立され、日本広告学会の設立（一九六九年）や日本学術会議への登録（一九七八年）が続き、一九六〇年代から一九七〇年代にかけて広告は学問としての制度化を進めたのである。

こうしたなか、広告史研究の具体的な成果が出版され始めたのは一九八〇年代になってからである。例えば、山本武利『広告の社会史』(法政大学出版局、一九八四年)は経済史および民衆史的な関心から、明治後期から大正初期における広告主・広告代理業・広告媒体としての新聞・民衆における広告意識などを記述したものである。また、山本武利+津金澤聰廣『日本の広告』(日本経済新聞社、一九八六年)は明治後期から昭和初期までの広告主・広告代理業者・文案家・図案家・広告媒体の関係者・広告研究者などに注目し、その業績と人物像を記述したものである。一九八〇年代の広告史研究は、このように戦前期までを対象にしている点に特徴がある。

その理由は、戦中や戦後を書くための史料が十分に揃っていなかったからだと考えられる。戦争に関与した広告人たちが「自分史」を語り始めたのは一九七〇年代から一九八〇年代であり、[1]それらを史料にした広告史研究が登場するのは一九九〇年代になってからである。例えば、難波功士『撃ちてし止まむ』(講談社メチエ選書、一九九八年)は当時の状況を次のように述べている。

「これまで広告史の記述には一種のパターンがあり、大正から昭和期にかけての「モダニズム」の思潮のもと、日本に花開きかけた広告も、戦争中には跡形もなく消え去り、戦後豊かなアメリカを手本とした再スタートを余儀なくされた……、というクリシェ(常套句)が繰り返されてきたが、はたしてそれだけなのか。戦前—戦中—戦後を結ぶ線は完全に途切れており、戦時下には広告の空白のみがひろがっていたのだろうか。だが、大正・昭和初期に仕事を始めた広告制作者たちが、戦時中に何もしていなかったわけではあるまいし、カスミを食べていたわけでもあるまい。そうした疑念を漠然と抱いていた私にとって、戦前に一世を風靡し、かつ戦後広告界をリードしたクリエイターたちの報研時代の回顧談(引用者注:山名文夫+今泉武治+新井静一郎(編)『戦争と宣伝技術者』ダヴィッド社、一九七六年)は、広告史のミッシング・リンクにも思えたのである」(難波一九八八年、九頁)。

要するに、これまでは戦前と戦後の断絶が強調され、広告史研究は戦前に記述を集中させてきた。しかし、戦争に関与した広告人の証言や記録が一九九〇年代までに揃い始めたので、これまでとは異なる広告史が書けるのではないかというわけである。[2]

本稿はこうした広告史研究のなかでも史料として扱われるようになった「証言」や「聞き取り」にどのようなものがあったのかを紹介し、近年のオーラル・ヒストリー研究と広告史研究がいかなる関係にあるのかを検討するものである。

二　渋谷重光『語りつぐ昭和広告証言史』

先にも述べたように、戦争に関与した広告人たちが「自分史」を語り始めたのは一九七〇年代から一九八〇年代である。なかでも、渋谷重光『語りつぐ昭和広告証言史』（宣伝会議選書、一九七八年）は「証言」や「聞き取り」という意味では初期の史料と考えられる。雑誌『宣伝会議』での連載（一九七五年一月〜一九七六年一二月）をまとめたこの書籍は、その問題意識を次のように述べている。

「これまでのいわゆる広告史においては、〈公的な事実〉だけを精緻に記述することに力点が注がれ、その奥にある広告人の生態・仕事意識、業界慣習、広告取引きの実際、などの面は、ほとんど触れられずにきた。…（中略）…。もっとも「広告史」の多くは社史・伝記の類だから、〈生身の部分〉を明らかにすることはかなりさしさわりがある。本来、〈美談〉と〈成功〉とを書き綴れば、用が足りていたもので、裏面のどろどろした実態にまでふれる必要がない、ともいえる。だから、ことさら歴史の実際を隠蔽する意図はなくても、広告の片面は黒く塗りつぶされたまま、今日にいたっている。私は、かねがねこの広告史の欠落した部分を埋めたいものだと考えてきた」（渋谷一九七八年、三二〇頁）。

渋谷によると、一九七〇年代の広告史は「公的な事実」に注目するばかりで、「生身の部分」を書いていないことが問題である。そこで「広告人の生態・仕事意識、業界慣習、広告取引きの実際」などに注目し、こうした「裏面のどろどろした実態」を聞き取ることで、「広告史の欠落した部分」を埋めたいという。つまり、これまでの広告史は「何を達成したのか」は書いてきたが、「それをどのように達成したのか」には注目してこなかったので、関係者に聞き取りをする必要があるというわけである。

それでは、渋谷はどのような方法で調査を行ったのか。実は渋谷の専門は広告や宣伝の社会心理学であり、聞き取りの専門家ではない。そのためか、聞き取りの方法については次のように書いてあるのみである。

「多くの広告人にお会いし、その思い出話を聞く機会にめぐまれた。これはとても貴重な経験であった。これまで知りえない〈生身の広告〉について、次から次へとお話していただいた。…（中略）…。ただし、もちろん聞き手である私の研究不足であって、まだまだ十二分に話を引き出せない憾みは多分にして残っている。…（中略）…。この書をまとめるにあたって多くの人びとのお力ぞえを得たが、なかでも『宣伝会議』編集部の伊藤洋子さんには、対談のアポイントメントから始まって何から何までお世話になった」（渋谷一九七八年、三二〇頁～三二一頁）。

そもそも、この聞き取りは雑誌の連載として企画されている。そのため、渋谷は編集者と二人三脚で聞き取りを行ったようであり、特に方法論が意識されていたというわけではない。個別の聞き取りは一人につき一五〇〇字から四〇〇〇字くらいの分量で、話し手の写真、簡単なプロフィール、見出しによるまとめ、聞き手の一行質問など、新聞のインタビュー記事のように編集されている。この時点では聞き取りは取材の延長線上にあり、方法論として明確に区別されていたようには思われない。

それでは、渋谷はどのような人間に聞き取りを行ったのか。証言者四九名（男性四八名、女性一名）の経歴および証言内容の概略（表一）[3]、そして目次の分類（表二）は次の通りである。

表一　『語りつぐ昭和広告証言史』における証言者の経歴と証言内容の概略

戦前編

井上泉（一八九五年生、電通常務取締役→電通映画社長→日電広告社長）　※広告外交、通信部との交流

原田幸衛（一八九九年生、正路喜社社長→正直社社長）　※当時の給料、当時の広告取引方法、広告外交の歩合制度

平野博吉（一九〇四年生、弘報堂→日本広告社社長）　※広告外交における学友関係、当時の社風、歩合制の弊害

角南浩（一九〇六年生、萬年社→満州→大広社長）　※大阪の広告業界、当時の勤務条件、営業の苦労話

原憲政（一八九八年生、電通→協同広告→日盛通信専務取締役）　※計算課の仕事内容、外交と内勤の違い

高森有吉（一八九八年生、正路喜社取締役）　※外交と内勤の所得格差、広告祭の開催

日比野恒次（一九〇三年生、吉田秀雄と同期、電通社長）　※大卒入社の一期生、電通と出版広告、電通の仕事スタイル

祐乗坊宣明（一九一三年生、正路喜社→朝日新聞出版局→多摩美術大学教授）　※企画部考案課、代理店デザイナー

中根麒之助（一九一一年生、毎日新聞社代表取締役専務→毎日広告社社長）　※新聞社の広告部、代理店との関係、広告主接待

土橋篤太郎（一八九八年生、報知新聞社→海軍省嘱託→三和広告社社長）　※新聞社の広告部、広告外交との関係

藤林勝（一九〇四年生、大阪朝日新聞社→大広常務取締役→大広案内社長）　※外交の報酬、代理店の統合問題、広告単価の合理化

酒井謙吉（一八九二年生、電報新聞社→神戸新聞社東京支社長、淡交会）　※広告外交＝総会屋、外交の取引話

牧野昇三（一九〇四年生、静岡民友→台湾日日新報→河北新報→東北放送専務→電通）　※地方紙と広告取引、広告主との折衝

戦中戦時宣伝戦編

竹内芳彦（一九〇七年生、主婦の友社→互栄社取締役社長）　※雑誌広告の外交、代理店との関係、通信販売広告

内藤豊次（一八八九年生、田辺製薬広告部長→エーザイ名誉会長）　※広告主の会「淡交会」、広告調査研究会、薬品広告自粛同盟

江崎利一（一八八二年生、グリコ会長）　※商標の図柄、グリコの広告活動、おまけ商法

白川忍（一八八九年生、資生堂の広告担当役員）　※資生堂の広告意匠部、広告部長の仕事、戦前の広告マンの社会的地位

藤本倫夫（一九〇七年生、森永製菓取締役→オリオン社副社長ほか）　※森永製菓の意匠部、満州での商業放送、キャンペーン

大藤好翰（一九〇七年生、森永製菓大阪支店長→日本広告主協会専務理事）　※アドライター時代、広告部と宣伝部、広告部長時代

山形弥之助（一九一〇年生、花王石鹸広告部長→PR部長）　※大学の広告研究会、花王の広告単価、太田英茂広告部長

岡田茂（一九一四年生、三越社長）　※三越広告部、三越の広告戦略、戦後の広告活動とコマーシャル

谷峯蔵（一九一三年生、商業美術家→日本スタジオ取締役社長）　※商業美術家時代、当時の収入とクライアント、交通広告の審査

玉川一郎（一九〇五年生、博文館新聞広告制作係→伊東屋宣伝部、コロンビア宣伝部）　※編集と営業の格差、リベートの横行

宮山峻（一九〇五年生、誠文堂新光社で『広告界』『アイデア』『ブレーン』の編集長）　※広告業界誌、戦時下の記事、戦後の展開

椎橋勇（一九一〇年生、秀英社→日本テレビCM室長、営業部長など）　※新東亜産業美術連盟、広告人の戦争協力、軍部との関係

新井静一郎（一九〇七年生、森永製菓→電通顧問）　※日本宣伝文化協会、軍部との関係、戦時宣伝の実態、報道技術研究会

河野鷹思（一九〇六年生、松竹映画→ジャワ→女子美術大学教授）　※作風について、日本工房、ジャワでの宣伝工作

今泉武治（一九〇五年生、森永製菓→報道技術研究会→博報堂取締役ほか）　※森永時代の仕事、『FRONT』と戦時宣伝

亀倉雄策（一九一五年生、日本工房→日本デザインセンター専務取締役ほか）　※『NIPPON』と戦時宣伝、軍部との関係

林謙一（一九〇六年生、毎日新聞社→内閣情報部ほか）　※内閣情報委員会第一課の業務、『写真週報』、大宅壮一と世論操作活動

片柳忠男（一九〇八年生、オリオン社→海軍→オリオン社社長）　※図案家時代、オリオン社発足時、大東亜宣伝連盟、戦犯時代

加藤寅三（一九一二年生、満鉄→関東軍情報部→内閣調査室参与ほか）　※満鉄の広報業務、対外宣伝工作、関東軍の文化政策

戦後編

岡田俊男（一九一八年生、満州国官吏→博報堂取締役ほか）　※占領期の広告取引、外交と歩合制度、博報堂と民放、AE制の導入

斎藤房次郎（一九二五年生、オリコミ社長）　※歩合制の廃止、街頭テレビの設置、屋外広告と交通広告への課税

三木鶏郎（一九一四年生、コマーシャルソングライター）　※歌謡曲とコマソンの違い、民放開始期のコマソン、広告会社との関係

伊庭長之助（一九一六年生、天津税関→在日米軍→日本天然色映画社取締役）　※広告映画、CM映画、カンヌ国際広告映画祭

竹岡稜一（一九〇九年生、松下電器→ナショナル宣伝研究所代表取締役）　※図案家時代、ナショナル宣伝研究所時代

川崎民昌（一九一一年生、銚子醤油広告課長ほか）　※広告代理店との関係、統制解除後の広告作り、Aグループの活動

小谷正一（一九一二年生、毎日新聞→新日本放送→電通テレビ・ラジオ局長ほか）　※プロ野球の球団作り、民放の番組作り
鶴岡敏子（農村新聞社→信越放送東京支社→放送文化事業株式会社ほか）　※民放開始期の営業話
森崎実（一九〇六年生、時事新報→満州国通信→電通→ビデオリサーチ社長）　※電通と民放番組制作、電通と視聴率調査
西部謙治（一九〇二年生、旭川新聞社→満州新聞→日本新聞協会、信濃毎日新聞ほか）　※地方新聞の広告取引、広告税問題
岡本敏雄（一九一四年生、大阪朝日新聞広告部→朝日広告社副社長）　※大阪と東京の違い、代理店との関係、広告の科学化と調査
深見和夫（一九一一年生、逓信省→読売新聞社専務取締役）　※戦後の広告部長時代、大阪と東京の違い、新聞社の広告競争
市橋立彦（一九一六年生、塩野義製薬代表取締役社長）　※終戦直後の広告課長、広告会社との関係、アドバルーン広告合戦
遠藤健一（一九〇六年生、野村證券宣伝部長→読売テレビ常務取締役ほか）　※戦前の広告業界、戦後の新聞広告
島尾良造（一九〇八年生、松竹企画部長→東弘副社長）　※戦前の映画広告、新聞での映画宣伝・口コミ宣伝、夕刊の映画広告
佐野英夫（一九〇五年生、藤沢製薬広告部長→日本テレビ常務取締役ほか）　※戦前の薬品広告、戦後の薬品広告基準、電通との関係
西郷徳男（一九〇三年生、中山太陽堂広告部長、日本広告主協会専務理事ほか）　※中山時代の広告作り、中山太陽堂の破産

表二　『語りつぐ昭和広告証言史』の目次構成

戦前編	・広告代理店　1．外交担当者の実態　2．広告代理店の業務　3．広告制作者の実態 ・媒体　1．新聞社の広告マン　2．地方新聞社の広告マン　3．雑誌社の広告マン ・広告主　1．広告主の広告戦略　2．社内制作者の実態 ・広告制作者　広告制作者の実態 ・広告ジャーナリズム　雑誌編集者の実態
戦中・戦時宣伝編	1．国内戦時宣伝活動　2．国内戦時宣伝活動 3．政府・軍の宣伝活動
戦後編	・広告代理店　広告代理店の発展 ・広告制作者　1．電波メディアの広告制作　2．活字メディアの広告制作 ・媒体　1．民間放送の開始　2．新聞社の広告営業 ・広告主　1．広告主の広告戦略　2．広告主の挫折

これらから判断すると、渋谷の聞き取りは戦前・戦中・戦後に渡って広告関係者から広く話を聞いている点に特徴があると言える。また戦前は外交（営業マン）の歩合制について、戦中は軍部との関係について、戦後は初期テレビとの関係についての質問が多い。証言者の多くは大卒であり、戦後は管理職クラスになっている。こうしたエリート層の聞き取りは、広告人が戦前・戦中・戦後を通じて業界をどのように成長させてきたのかを知る手がかりにはなる。しかしこの聞き取りは分量が短く、渋谷による質問の文脈も読み取りにくい。そのため、他の史料と照らし合わせる必要があり、また証言としての確かさも検証されているわけではない。

三　『証言で綴る広告史』

次に紹介するのは、『証言で綴る広告史』（日経広告研究所、二〇〇一年、非売品）である。これは『日経広告研究所報』第一六一号（一九九五年）から第一九五号（二〇〇〇年二月）の連載をまとめたもので、その問題意識は次のようにまとめられている。

「この分野では業績として渋谷重光『語りつぐ昭和広告証言史』（宣伝会議、一九七八年）があるにはあるが、分野が限定されたり、証言に若干の偏りがあるなど、個人の仕事としての限界が見られた。…（中略）…。まもなく日経広告研究所内で私を主査とした「証言で綴る広告史」研究会が定期的に開催されるようになった。渋谷が対象に入れた昭和戦前の人物は存命者が少ないため無理との判断が出た。一方、現代にどこまで近づけるかも主要な議題となった。広告界は戦後年々発展してきたので、広告界の人物は選択に困るほど多彩さを示した。しかし現代に近いほどその人物や証言を客観的に捉えることも難しいとの議論が大勢を占めた。したがって終戦直後ないし占領期から始め、昭和三十年代つまり一九六五年くらいまでに活躍された人物を対象とするのがよかろうとの結論になった」（山本二〇〇一年）。

山本武利によると、渋谷の『語りつぐ昭和広告証言史』は「個人の仕事としての限界」が見られるという。なぜなら、聞き取りを行った分野が限られ、また証言には偏りが含まれているからである。そこで山本は日経広告研究所と共同で聞き取りを行うことにし[4]、終戦から一九六五年までの約三〇年間に絞り込んだ。聞き取りをすることが目的になっていた渋谷に対し、山本は調査対象の網羅性を重視し、広告業界の戦後三十年間を聞き取りによって復元しようとしたのである。

それでは、山本たちはどのような方法で聞き取りを行ったのか。

「日経広告研究所のスタッフと私たち研究者グループは相協力しつつ、適切、正確な証言を得られるように最大限の努力を行ったことも記しておきたい。研究会においてまず詳細な年表を作成した。面会を承諾された方にあらかじめ当方で集めた関係資料をお送りして、過去の記憶の呼び起こしへの便宜を図らせてもらった。さらにまとめた証言のゲラを先方に送って、必要な場合は修正をお願いした。ある場合には、当方で、面会後得た資料を同封することもあった。各回とも原則として研究者と日経広告研究所員とのペアで面接した」（山本二〇〇一年）。

渋谷の聞き取りと比べると、この聞き取りでは「正確な証言」を得るための方法論がある程度意識されていることがわかる。その一つは、事前に資料を送付して記憶を整理してもらうことである。二つには、日経広告研究所の所員と研究者がペアで聞き取りを行い、証言の書き起こしと証言の解説を分担していることである。三つには、書き起こした原稿を証言者に確認してもらっていることである。なお個別の聞き取りは一人につき三〇〇〇字から五〇〇〇字程度の分量で、証言者の写真、簡単なプロフィール、見出しによるまとめ、聞き手による数行の質問、関連する図版や図表など、雑誌のインタビュー記事のように構成されている。この聞き取りはテーマの解説を研究者が先に行い、その文脈で個別の証言が紹介される点に特徴がある。聞き取りにおける質問も、この解説に従ったものである。

　それでは、山本らはどのような人間に聞き取りを行ったのか。証言者（男性五三名、女性一名）の経歴および証言内容の概略（表三）、そしてテーマのリスト（表四）は次の通りである。

表三　『証言で綴る広告史』における証言者の経歴および証言内容の概略

野地二見（一九二五年生、日本テレビ放送網営業課長→ツーカーセルラー東海社長）　※民放開局前後の広告営業、広告料金、街頭テレビ

服部禮次郎（一九二一年生、服部時計店→服部セイコー代表取締役会長）　※テレビCMのスポンサー

内藤俊夫（一九三一年生、電通→電通クリエーティブ局長ほか）

※生CM、フィルムCMとアニメーション、CM制作の変遷

増山太郎（一九二八年生、電通→電通営業局宣伝企画部立案課ほか）　※広告電通賞、広告表現のアメリカ化、広告界の地位向上

高橋一朗（一九二三年生、電通→電通ラジオテレビ局ほか）

※『電通報』創刊、電通調査部、PR理論の普及

岡本敏雄（一九一四年生、大阪朝日新聞広告部→朝日広告社副社長）　※広告料金の逓減制、広告取引と発行部数公開

中川二郎（一九一八年生、西日本新聞社→西日本新聞広告社相談役）　※広告料金の逓減制

市橋立彦（一九一六年生、塩野義製薬広告課長→リーダーズダイジェスト広告局長ほか）　※占領期の市場調査、占領期の広告活動

室井鐵衛（一九一九年生、時事通信社調査局員→宣伝会議会長）

※占領期の世論調査と市場調査、復興期の市場調査と広告研究

島崎千富美（一九一〇年生、CIEラジオ課→リーダーズダイジェスト広告部調査主任）　※占領期の市場調査と輿論科学協会

増山太郎②（一九二八年生、電通→電通営業局宣伝企画部立案課ほか）　※GHQとPR、電通のPR講座とPR部、田中寛次郎

小倉重男（一九三二年生、電通PR部ほか）　※GHQとPR、CIEと広報講習会、電通とPR、田中寛次郎

高橋一夫（一九二三年生、中京新聞社→中部日本放送広告部ほか）

※初期民放の電波料金、番組セールス、ラジオCM

三浦一繁（一九二五年生、新日本放送→和歌山放送）※初期民放と電波料金、番組セールス、聴取率調査

足立浩一（一九二四年生、藤沢薬品工業宣伝部→新日本放送テレビCM部長ほか）※ラジオCMと広告会社、番組セールス、CMソング

武者幸四郎（一九一一年生、報知新聞社→同盟通信社→電通調査部→日本ABC協会）※ABC懇談会、新聞の部数公査

武市匡豊（一九二〇年生、徳島新聞社→エーザイ→日本RAD－AR協議会ほか）※新聞の部数公査、ABC懇談会

岡本敏雄②（一九一四年生、大阪朝日新聞広告部→朝日広告社副社長）※広告浄化と不良広告、広告掲載基準、新聞倫理綱領、広告倫理

宇野政雄（一九二二年生、海軍主計大尉→早稲田大学教授ほか）※マーケティングの導入、日本マーケティング協会、マーケティング教育

鳥井道夫（一九二三年生、寿屋→サントリー副会長ほか）※マーケティング専門視察団、科学的な広告調査、日本マーケティング協会

山本鉒二（一九一四年生、三菱重工業→新三菱重工業ほか）※第二次マーケティング専門視察団、プロダクト・プランニング

小林太三郎（一九二三年生、早稲田大学教授→日本広告学会会長ほか）※広告研究と広告教育

片岡一郎（一九二四年生、慶應義塾大学教授ほか）※マーケティング研究、慶應義塾広告学研究会、マーケティング教育

稲垣正夫（一九二二年生、世界社宣伝部長→旭通信社社長ほか）※世界社時代、旭通信社の設立、BBDOとの資本提携、上場

安原茂男（一九二三年生、松下電器産業宣伝課→宣伝事業部デザイン部長）※竹岡稜一との仕事、家電広告、松下幸之助と広告

鹿島研二（一九三五年生、松下電器産業東京宣伝部放送課員→パナソニック映像顧問）※電波広告、CMタレント、CMソング

山本賢三（一九二〇年生、萬年社社長）※大阪の広告界、当時のクライアント、ラジオやテレビへの対応、昭和20年代の広告代理店

藤野進（一九二七年生、近畿広告ほか）※大阪の広告界、当時のクライアント、昭和20年代の広告代理店、ラジオやテレビへの対応

土山廣一（一九二五年生、近畿広告→朝日折込取締役ほか）※チラシ広告、折込広告と広告効果、ダイエーと折込広告

堀田三郎（一九二二年生、国際企画社代表取締役→三友エージェンシー社長）※屋外鉄柱広告、ラジオやテレビへの対応、三菱との関係

三木のり平（一九二五年生、喜劇俳優ほか）※桃屋のテレビCM、アニメキャラクター

小出孝之（一九二六年生、桃屋社長ほか）※広告主とテレビCM、アニメCMと企業広告、広告制作費と広告効果、売上との関連

小林利雄（一九二一年生、宣弘社社長ほか）※ネオンサイン、屋外広告、交通広告、シネサイン、広告効果

伊藤憲治（一九一五年生、アートディレクターほか）※復員後の制作活動、ネオンサインの制作、グラフィック広告、日本宣伝美術会

早川良雄（一九一七年生、アートディレクターほか）※復員後の制作活動、百貨店の宣伝部時代、大阪と東京の違い、亀倉雄策との交遊

柳原良平（一九三一年生、寿屋デザイナー→サンアド取締役ほか）※『洋酒天国』とPR活動

小玉武（一九三八年生、サントリー宣伝部→サントリー広報部長ほか）※『洋酒天国』とPR活動、開高健と山口瞳

宮本信太郎（一九一二年生、中央公論社広告部長ほか）※雑誌広告、テレビやラジオとの関係、雑誌広告賞

川島倉次（一九二八年生、主婦の友社広告部長ほか）※雑誌の大判化、広告収入とスポンサー、読者層

松波金彌（一九一五年生、三晃社社長）※名古屋の広告会社、設立時の体制、新聞広告とクライアント、テレビやラジオへの対応

西尾忠久（一九三〇年生、三洋電機宣伝部→コピーライターほか）　※三洋電機時代、アメリカ広告界の影響、コピー十日会、コピー理論

土屋耕一（一九三〇年生、資生堂宣伝部→ライトパブリシティ副社長ほか）　※資生堂のコピーライター時代、コピー十日会、コピー年鑑

森重利直（一九二五年生、博報堂国際本部長→オグルビー・ジャパン取締役会長ほか）　※代理店の国際化、マッキャンエリクソンとの合弁

石光隆（一九三四年生、マッキャンエリクソン博報堂社長室長ほか）　※代理店の国際化、ネスカフェのＡＥ、外資系企業の広告効果測定

小林三千夫（一九二九年生、朝日新聞東京本社広告部→朝日案内代表取締役社長）　※輿論科学協会時代の調査、電波媒体と調査

林知己夫（一九一八年生、統計数理研究所所長→放送大学教授ほか）　※朝日新聞の広告調査、ＡＯＲ研究会、佐藤敬之輔との出会い

菊池正彦（一九三四年生、三共宣伝課長→三共取締役広報部長）　※広告主と番組提供、医薬品の広告規制、厚生省との関係、タレント広告

伴田雄治（一九三〇年生、武田薬品宣伝課→中央宣興）　※医薬品広告と自主規制、景品規制、タレント広告

岡本敏雄③（一九一四年生、大阪朝日新聞広告部→朝日広告社副社長）　※朝日広告賞の設立、Ａグループ、広告界での評価

八巻俊雄（一九三二年生、日本経済新聞社広告部調査課→東京経済大学教授）　※『日経広告手帖』と調査報告、編集方針と広告集め

柳井朗人（一九二四年生、電通開発局技術研究室長→ＡＴ＆Ｔ日本支社次長ほか）　※機械式の視聴率調査

大井昌治（一九三九年生、ビデオリサーチ専務）　※ビデオリサーチと視聴率調査、営業活動、データの分析と視聴率主義批判

中島信一（一九二五年生、巴広告社取締役媒体本部長ほか）　※週刊誌の中吊り広告、掲出スペースと値上げ

飯田進（一九三一年生、新潮社出版部広告制作担当ほか）　※『週刊新潮』の広告作り、他誌との差別化、中吊り広告と新聞広告の関係

多湖輝（一九二六年生、千葉大学教授ほか）　※広告と心理学、サブリミナル効果、消費者の分析、企業の指導

小嶋外弘（一九二五年生、同志社大学教授→日本広告学科副会長ほか）　※広告と心理学、ラジオ広告の効果測定、視聴率の予測研究

木暮剛平（一九二四年生、電通相談役）　※電通と吉田秀雄、入社時の業務、広告取引の合理化、ＡＥ制の導入、アメリカとの違い

（傍線は『語りつぐ昭和広告証言史』でも証言した者。丸囲い数字は複数登場した回数）

表四　『証言で綴る広告史』の目次

テレビＣＭ放送はどのように始まったか（上）（下）
広告の近代化をめざして（上）（下）
新聞広告取引の近代化
広告・市場調査の源流を探る（上）（下）
ＰＲの導入とわが国の広告界
民放ラジオ開局前後（上）（下）
新聞部数公査確立への道
広告浄化をめざして
テレビＣＭに新しい表現の台頭
戦後のネオンサインの復活
戦後、広告のデザイン活動
ＰＲ誌の先駆け、『洋酒天国』の発刊
雑誌広告の飛躍の足どり
戦後の名古屋広告界の復活
東京コピーライターズクラブ設立への道
マッキャンエリクソン博報堂の設立

わが国への「マーケティング」の導入（上）（下）	新聞広告の注目率調査事始め
戦後広告研究はどう始まったか？	強化された広告規制
戦後派広告会社の創業時代を追う	新聞メディアプロモーションとしての広告賞とＰＲ誌
〝電化ブーム〟と広告戦略	機械式テレビ視聴率調査始まる
戦後、いち早く復活した大阪広告界	週刊誌ブームと社内中吊り広告の隆盛
スーパーの台頭と折込広告	心理学から広告研究へのアプローチ
戦後派広告会社の創業時代を追う②	広告ビジネスの近代化

この聞き取りを企画した日経広告研究所専務理事の森内豊四によると、この調査では広告を「媒体」「広告会社」「広告主」「広告団体」「広告調査・研究」「環境」「人」「広告作品・表現」の八つに分類したという（森内二〇〇一年）。山本らによる聞き取りはこの八分類に対応しており、戦後三〇年間に限られるが、渋谷の聞き取りよりも網羅的に調査された点に特徴がある。なかでも、占領期における市場調査と広告研究の関係、マーケティングの導入と広告の科学化、ラジオやテレビへの対応と広告効果測定などは渋谷の聞き取りにはなかったテーマであり、広告代理店や広告会社の実務に必要な学問（心理学的な広告学）と広告主の実務に必要な学問（経営学）が接近していく過程を知ることができるという意味で興味深い。なお、証言者の多くは大卒で管理職クラスの経験者である。

先にも述べたように、この調査は研究者がテーマの解説をしてから、次に聞き取りを示している。そのため、証言にあやふやなところがあっても、客観的なデータを通じてテーマそのものについてはある程度理解を深めることができるようになっている点に特徴がある。

四　土屋礼子（編）『昭和を動かした広告人』

最後に紹介するのは、土屋礼子（編）『昭和を動かした広告人』（産学社、二〇一五年）である。これは早稲田大学政治経済学部の土屋礼子ゼミナールが学生と共同で実施した『ジャーナリスト・メディア関係者個人史聞き取り調査プロジェクト第三回報告書』（二〇一二年度）をもとにしており、その問題意識は次のようにまとめられている。

「心から平和を謳歌し、懸命に働いた日本の庶民が、明日はきっとよくなるとおおらかに信じ、新製品を買ったり、旅行を楽しんだりすることをささやかな夢や喜びとして、流行を楽しんだ「昭和元禄」とも呼ばれた時代。それは広告の黄金期でもあった。日本の企業が利益を上げ、新聞、雑誌、ラジオ、テレビの「マスコミ四媒体」が急成長するのに伴い、それを陰で支え演出したのが広告人たちである。彼らの活躍により、かつてはまともな商売と認められていなかった広告業が一兆円産業になり、華やかな人気業界に一変した。……（中略）……、広告業に従事した人々に対する聞き取りとしては、渋谷重光『語りつぐ昭和広告証言史』（一九七八）が戦前・戦中から戦後まもなくまで活躍した人々の証言を記録し、また日経広告研究所編発行『証言で綴る広告史』（二〇〇一）が、占領期から一九六五年頃まで活躍した人々に対象を絞って、貴重な証言を集めている。しかし、もともと広告人は広告主の注文によって動く黒子であって、CMやポスターなどの制作物がメディアの表舞台に出ることはあっても、自ら語らないのを本分としているために、それ以降は広告人の証言やインタビューをまとめた類書は見あたらない。一九八〇年代に広告のコピーライターやデザイナーがクリエイターとして脚光を浴び、自ら語ることもあったが、それは多くの広告人から見れば例外的な存在だった。本書は、そのような広告人・広告業界を代表する大手の広告代理店OBの方々にインタビューを実施した成果である」（土屋 二〇一五年）。

土屋礼子によると、昭和の後半期は「広告の黄金期」であり、広告業および広告人のイメージが転換した時代である。しかし、渋谷の『語りつぐ昭和広告証言史』や山本らの『証言で綴る広告史』に続く聞き取りはなく、コマーシャルやポスターの制作者の証言がある程度である（たとえば、『聞き書きデザイン史』六耀社、二〇〇一年）。そこで土屋はクリエイティブ系の広告人ではなく、まさに「黒子」としてマスコミ四媒体を支えた「大手の広告代理店OB」に聞き取りを行い、昭和時代の記憶を語りついでいこうというわけである。聞き取りをすることが目的になっていた渋谷、調査対象の網羅性を重視した山本らに対し、土屋は広告代理店関係者（萬年社、博報堂、電通）に対象を絞り、「広告の黄金期」の担い手の記録を後世に残そうとしたのである。

それでは、土屋たちはどのような方法で聞き取りを行ったのか。土屋は二〇〇八年に「萬年社コレクション調査研究プロジェクト」（大阪市立大学）を立ち上げ、二〇一〇年には萬年社のOB一〇名にインタビューしている。早稲田大学での「ジャーナリスト・メディア関係者個人史聞き取り調査プロジェクト」はその延長線上にある作業と思われるが、本書には方法論というより編集方針が述べられている。

「インタビュー調査報告書を本に編集するにあたっては、量的にインタビューに協力頂いた三十人の方すべてのお話を採録するという訳にはいかず、残念ながら十三名の方のみに絞らざるを得なかった。また十三人の方のお話しもかなり削らざるを得ず、ライターの柴崎卓郎氏にリライトして頂いた。おかげで、つたなかった学生たちの質問が整理され、興味のつきないエピソードの多くを割愛しながらもご本人の発言の生々しさを残しつつ、ずいぶん読みやすくなった。ただし、発言の内容の厳密さはあまり検証していない。イベントの年月など最低限は確認したが、細かい点についてはご本人の記憶違いなどもあるかもしれない」（土屋二〇一五年）。

実際にインタビューをしたのは三十名で、本に収録されたのは十三名である。聞き取りの内容は読みやすさを優先してライターがリライトしており、記憶違いが含まれている可能性もある。個別の聞き取りは一人につき一八〇〇〇字程度の分量で、証言者の写真、詳細な質問、プロフィール、見出しによるまとめ、聞き手による数行の質問、関連する図版など、一つひとつが読み物として構成されている。

それでは、土屋らはどのような人間に聞き取りを行ったのか。証言者（男性一二名、女性一名）の経歴および証言内容の概略（表五）は次の通りである。

表五　『昭和を動かした広告人』における証言者の経歴と証言内容の概略

①高木眞（一九二四年生、萬年社）：祖父（高木貞衛）との関係、萬年社時代の業務、テレビコマーシャル、アメリカ視察、DDBとの連携、万年社インターナショナル時代の業務、萬年社の倒産

②影山芙紀子（一九二七年、萬年社）：婦人生活社時代の業務、ニッポン放送時代の業務、萬年社のコピーライター業務、女性のコピーライターについて、オリオン社時代の業務、フリーランス時代の業務、萬年社について

③石川周三（一九三一年、電通）：東大時代、電通に入社した頃、テレビ営業部時代の業務、アジア広告会議、ニューヨーク赴任、電通取締役時代、吉田秀雄と電通

④田保橋淳（一九三一年生、電通）：学生時代と修業時代、電通入社と新井静一郎、吉田秀雄と当時の雰囲気、クリエイティブ部門の統合とクリエイティブ局長時代、作品制作とデザイン賞の受賞

⑤岡田芳郎（一九三四年生、電通）：電通入社の頃、名古屋支社時代とテレビ広告、プランニングセンター時代の業務、営業企画室次長時代、コーポレイトアイデンティティ室長時代、電通総研時代

⑥小宮山恵三郎（一九三四年生、博報堂）：学生時代、博報堂ラジオ営業部時代、AE制の導入、媒体部時代の業務、第二本部時代の業務、社長室での業務と福井事件、マーケティング室長時代、メディア研究開発室時代、茨城大学時代

⑦秋山晃衛（一九三六年生、萬年社）：萬年社でのアルバイト時代、当時の広告業界のイメージ、萬年社時代の業務とクライアント、葵プロモーション時代、独立時代、萬年社の倒産について

⑧飯田尚武（一九三七年生、博報堂）：初期テレビの記憶、博報堂に入社するまで、博報堂PR部門時代の業務、広報室長時代、電通との関係
⑨北野邦彦（一九三七年生、電通）：電通入社当時、マーケティング局時代、電通リサーチ時代、電通アメリカ時代、営業企画局企画部長時代、東京プロジェクト室企画部長時代、秘書室時代、広報室長時代、帝京大学時代、目白大学時代
⑩冨増恵一郎（一九三七年生、萬年社）：萬年社入社当時、電波営業部時代のクライアント、東京への転勤、カップヌードルと日清食品、博報堂との競合、媒体営業局長時代
⑪木倉資展（一九三八年生、博報堂）：立教大学時代、博報堂PR部時代、当時の広告業界、消費者問題や公害問題、ワシントン時代
⑫神保智一（一九四一年生、博報堂）：広告代理店を目指した理由、当時の広告業界、営業局時代、アメリカ時代、営業部長時代、国際局長時代、役員時代、桜美林大学時代
⑬升野龍男（一九四四年生、博報堂）：広告代理店を目指した理由、コピーライター時代、コピーディレクター時代、経営企画室時代、営業統合本部時代、経営管理本部法務室長時代

土屋らによるこの聞き取りは、特定のテーマについて話すというより学生時代から退職するまでの人生を話している点に大きな特徴がある。一人ひとりの分量は多く、聞き取りは時代の進行に沿って進められ、ライフヒストリーのような仕上がりになっている。そのため、この聞き取りは文脈依存性が強い。話し手の人生における広告業界のことはそれなりにわかるのだが、それがそのまま広告史研究の史料になりえるのかは別に検討が必要なところである。

五　広告史研究とオーラル・ヒストリー

ここまで、広告史研究のなかでも史料として扱われるようになった「証言」や「聞き取り」にどのようなものがあるのかを紹介してきた。

簡単にまとめると、渋谷重光『語りつぐ昭和広告証言史』（宣伝会議選書、一九七八年）には特に方法論的な意識があったわけではない。そのため、戦前・戦中・戦後の関係者をインタビューした新聞記事のようになっている。

山本武利らの『証言で綴る広告史』（日経広告研究所、二〇〇一年）は終戦から一九六五年前後までに限られるが、渋谷の聞き取りに比べて調査の方法論が意識されており、テーマも網羅的である。また、研究者がテーマの解説をしてから聞き取りの結果を見せているため、証言にあやふやな部分があっても、客観的なデータを通じて個別テーマを理解できるようになっている。

土屋礼子（編）『昭和を動かした広告人』（産学社、二〇一五年）は一人ひとりにそれなりの分量を使っている点に大きな特徴がある。そのため「昭和を動かした広告人」としての人生を知ることはできるが、証言内容の適切さを確認することはできない。広告史研究の史料というよりは、広告代理店で働いていた人びとのライフヒストリーであり、

ライターがインタビューデータを書き直していることから読み物としての性格が強い。

ここでオーラル・ヒストリーの方法論と関連付けておくと、御厨貴はオーラル・ヒストリーを「公人の、専門家による、万人のための口述記録」と定義している。御厨がこのような言い方をするのは、「公人といわれる人が、みずから公職を務めている間に入手した情報を、仲間内だけでの了解にとどめてそのまま整理もせず、最後の毒にも薬にもならない顕彰伝を出版する」ことに問題があると考えているからである。それゆえ、御厨は「一部の人間だけに情報の占有を許さない」という立場とデモクラシーを結びつけ、オーラル・ヒストリーを「ジャーナリズムとアカデミズムを架橋する」方法と捉えている（御厨二〇〇二年、四頁〜六頁）。

こうした考え方と広告史研究を関連付けようとする場合、そもそも広告代理店の管理職経験者や広告主への聞き取りは「万人のため」になるのかという問題が生まれる。デモクラシーに訴えれば、政治家や官僚への聞き取りも国民への説明責任であるかのような言い方ができる。しかし、私たちは何のために広告人の話を聞く必要があるのか。どこの誰が広告人への聞き取りを必要としているのか。その意味で、広告人への聞き取りはわざわざオーラル・ヒストリーと呼ばなくてもよいように思われる。

ただし、広告史研究にとって広告人への聞き取りは重要である。先に土屋が指摘していたように、多くの広告人は「黒子」であり、その実態が明らかになることは少ない。また、クライアントとの関係で守秘義務も多く、公開できない情報も多い。興味深いのは、広告人がこうした対象の特性（裏方的な役割）を持っているからこそ、二つの文体が生じることである。

その一つは、広告人の知り合いによる業界史である。例えば、『電通報』は二〇一三年一一月一日から「電通を創った男たち」という連載を始め、これまでに木原通雄（ラジオテレビ局）、田中寛次郎（PR・広報）、新井静一郎（宣伝技術局）、尾張幸也（ラジオテレビ企画制作局）、塚本芳和（メディア開発局、総合計画室）、近藤朔（コピー局）、小谷正一（プランニングセンター）、阿部忠夫（新聞雑誌局、連絡局）、松下豊三（ラジオテレビ局）、内藤俊夫（ラジオテレビ局）、大竹猛雄（第四連絡局局長）、根本軍四郎（第三連絡局局長）、豊田年郎（第二連絡局）、服部庸一（ISL室長）などを電通の後輩たちが紹介している。もちろん、電通の内部にいなければ知りえないことも書かれているのだが、その多くは本人を褒め称えるものでもあり、かなり偏りがあると言わざるを得ない。

もう一つは、広告人の暗中飛躍を暴くルポルタージュである。例えば、田原総一朗『電通』（朝日新聞社、一九八一年）は、「なんのことやらよくわからぬ日本の広告会社を、おそらくはじめて本格的にドキュメントしたもので、メイヤーの『マジソン・アベニュー　USA』と並ぶ本ではないか」と評されている（天野一九八四年）。また最近では、田崎健太『電通とFIFA』（光文社新書、二〇一六年）が刊行され、「電通が「手数料商売の広告代理店」から、業務内容を定義できない「得体の知れない巨大企業」へ成長していった」過程がレポートされている（田崎二〇一六年、六頁）。万国博覧会やワールドカップ、そしてオリンピックが商業化する過程で広告代理店が果たした役割は大きいのだが、これらに関する情報が殆ど公開されないため、その内実を暴くような文体が生み出されるのである。

ここまでを踏まえると、広告人への聞き取りは「万人のため」になるとは言い切れない。しかし、御厨が「ジャーナリズムとアカデミズムを架橋する」ことを重視したように、広告人への聞き取りが「内輪向けの業界史と外野向けのルポルタージュを架橋する」役割くらいは果たせるように思われる。「馴れ合いか、暴露か」ではなく、そもそも広告人は何をいかに達成してきたのかを探求すること。そのためにも、オーラル・ヒストリーという言葉だけを借用してまるで新しい研究をしたかのように見せるのではなく、学術的に意味のある聞き取りをしていくことが広告史研究には求められている。

参考文献

天野祐吉「解説のようなもの」、田原総一朗『電通』朝日文庫、一九八四年
御厨貴『オーラル・ヒストリー』中公新書、二〇〇二年
森内豊四「新連載　証言で綴る広告史」『証言で綴る広告史』日経広告研究所、二〇〇一年
難波功士『撃ちてし止まむ』講談社メチエ選書、一九九八年
渋谷重光『語りつぐ昭和広告証言史』宣伝会議選書、一九七八年
田崎健太『電通とFIFA』光文社新書、二〇一六年
土屋礼子（編）『昭和を動かした広告人』産学社、二〇一五年
内川芳美（編）『日本広告発達史』（上巻）電通、一九七六年
内川芳美（編）『日本広告発達史』（下巻）電通、一九八〇年
山本武利『広告の社会史』法政大学出版局、一九八四年
山本武利「まえがき」『証言で綴る広告史』日経広告研究所、二〇〇一年
山本武利・津金澤聰廣『日本の広告』日本経済新聞社、一九八六年
山之内靖「方法的序説」、山之内靖・ヴィクター＝コシュマン・

成田龍一（編）『総力戦と現代化』柏書房、一九九五年

註

（1）詳細については、加島卓『〈広告制作者〉の歴史社会学』（せりか書房、二〇一四年）の第一章を参照。

（2）こうした問題意識は、戦前の総力戦体制から戦後日本の民主主義体制への「連続性」を指摘する総力戦体制論的な捉え方でもある（山之内一九九五年）。

（3）証言者の経歴および証言内容は概略であるため、詳細については出典を参照のこと。

（4）疋田聰（東洋大学教授）と西沢保（一橋大学教授）も参加。

読者・視聴者（オーディエンス）研究の方法としてのオーラル・ヒストリー

有山輝雄

一　読者・視聴者研究とオーラル・ヒストリー

現在、メディア史研究という言葉はかなり広まっているが、その内実を充実させていくためにはまだまだ課題は多い。まだまったく手がつけられていない領域は余りにも大きい。内実の伴わない言葉であるが故に、便利に使われている感がないでもないのである。

メディア史研究の内実を高めていくためには、安易に使われがちなメディアという概念を研磨していく必要があるのは言うまでもないが、一つの大きな課題は資料を発掘し豊富にしていくことである。研究の最も重要な基礎である資料が乏しいのでは研究は進展しない。資料が乏しいのは、第一にメディアの活動がその場で消費されるという性格をもつために保存されてこなかったことがある。新聞や雑誌は読み捨てにされ、近年まできちんと保存されてこなかった。あるいはメディア企業などは自らの記録文書を残し、公開するといった最も基本的な社会的責任を果たしてこなかった。またラジオやテレビといった電子的メディアは保存の方法がないまま、消えていった。現在では保存の方法が発達してきたが、既に失われたラジオ番組、テレビ番組を復原することはできない。第二には自戒を込めていえば、研究者の怠慢である。研究者が資料の発掘整理の努力を十分行ってこなかったのである。さらには研究の問題意識が曖昧であるため、何が重要な資料であるか分からないまま放置したり、重要な資料を見過ごしてきたこともある。

そうした現状を打開するには、地道な資料の発掘・整理を進めていくしかなく、その際の基本が文献資料の発掘にあるのは言うまでもない。しかし、資料の乏しいメディア史研究にとって一つの有効な方法としてオーラル・ヒストリーが考えられるはずである。オーラル・ヒストリーはメディア史の様々な領域に適用できるが、特に読者・視聴者研究の隘路を突破するための有効な方法として期待をかけたいのである。

しかし、これは予想通り難問である。メディア史研究でも、新聞・放送・広告の記者・経営者・制作者（送り手）についての聞き取り調査は既に一定の実績がある。だが、読者・視聴者に関してはほとんど実績はない。必要性は痛感されていても、これまで実績がないのである。実例があれば本日もそれを材料に研究方法を具体的に論じることができるのだが、残念ながらそれができない。実績が乏しいのは多くの隘路が存在し、それを克服できないからであることは明らかである。本日の報告の結論も、そうしたことを再確認して、ため息をつくことになりそうなのだが、せめて隘路の実態を明らかにし、わずかでも開路する努力はしてみたい。

隘路は二重にあって、もともと読者・視聴者の歴史研究が難しいこと、さらに研究方法としてのオーラル・ヒストリーの未成熟である。

読者・視聴者（Audience）の歴史的研究は周知の通り困難な主題である。メディア史研究会でも悪戦苦闘している。既に雑誌でも第三三号「下からのメディア史」、第四一号に「読者研究の史料と方法」を特集し、それ以外にも地域社会との関係など折りにふれて読者・視聴者研究について考えてきた。最近、永嶺重敏が流行歌の伝播などの独自の視角をたて読者・視聴者研究を切り開いてきたし、水谷悟『雑誌『第三帝国』の思想運動』（二〇一五年　ぺりかん社）や長尾宗典『〈憧憬〉の明治精神史』（二〇一六年　ぺりかん社）といった若い世代が読者の問題を視野に入れることによって新しい思想史研究の展望を示している。

読者・視聴者研究は少しずつ進んできている。だが、難しい研究主題であることは変わりがない。その理由の第一に先ほどの問題に戻ってしまうが、資料が非常に乏しいことである。ごく平凡に生きた人々の記録はなかなか残らない。読者・視聴者自身が残した文献資料はごく少なく、これまで文献資料として利用されてきたのは、主に読者・視聴者についての同時代の知識人による観察であった。そうした観察・感想は実証性に乏しく、しかもきわめて大ざっぱである。無論、それでもそうした断片的資料を組み立てて、一定の読者・視聴者像を素描することは可能である。また、読者・視聴者を新聞・雑誌の流通段階で捉えることも一つの方法で、私も福島県梁川町の新聞販売店の資料を発掘し研究にまとめた[1]。流通段階に関する資料の発掘はもっと取り組まなければならない課題だろう。

過去にメディアの送り手の側が行った読者・視聴者調査はある。ラジオ放送については初期に悉皆調査が行われており、活字メディアについては極めて少ないものの若干調査がある。そうしたもののなかには歴史研究に利用できそうなものもあるが、調査項目などが現在の研究者の関心とは合わず、利用は難しい。調査原票は既に失われているから、調査時点に遡って再編成することは不可能である。

第二に読者・視聴者という概念、受け手という概念が曖昧である。それは基本的に送り手側から見た概念にすぎない。そうした概念でコミュニケーション過程を見ること自体が一定の偏向であるし、歴史研究を貧弱にしてしまう危険性がある。基本概念が未熟なところでは、何が重要な資料であるのさえ定まらず、慢性的資料不足にならざるを得ない。概念の曖昧さは既に色々論じられてきたが、適切な新しい概念はまだ見出されていない。

こうした隘路は容易に打開することはできないが、メディア研究である以上、読者・視聴者研究は不可欠である。それがなければメディア研究ではない。その打開策としてオーラル・ヒストリーに期待をかけたい。無論、オーラル・ヒストリーは方法的に難しい問題は多い。特にごく平凡に生きた人々の語りを聞き、記録する方法論は未だ確立されているとは言い難いだろう。それには遠回りだが、オーラル・ヒストリー研究が現在どのような状況にあるのかについて見ておく必要がある。

二　様々なオーラル・ヒストリー

聞き書きという研究方法は民俗学などでは古くから行われているが、現在、オーラル・ヒストリーという言葉を主に用いているのは社会学者、政治学者、歴史学者などである。ただそのぞれの研究の立場によって意味内容はかなり異なっている。現在のオーラル・ヒストリー研究は大別すると、以下のようにいえるだろう。

(a)社会学者によるライフヒストリー（生活史）。その定義は「個人の一生の記録、あるいは、個人の生活の過去から現在にいたる記録のことである。具体的には口述史、自伝、伝記、日記などがある」[2]とされている。オーラル・ヒストリーは口述史としてライフヒストリーの一つの方法であるということになる。

代表的な作品には、中野卓編著『口述の生活史　或る女の愛と呪いの日本近代』（一九七七年　御茶の水書房）、同『離島トカラに生きた男』第一部第二部（一九八一年　御茶の水書房)、『日系女性立川リサの生活史』(一九八三年 御茶の水書房)、鳥越皓之『沖縄ハワイ移民一世の記録』(一九八八年 中公新書)など数多い。また中野卓編著『ライフヒストリーの社会学』(一九九五年 弘文堂)は方法論を論じていて参考になる。

(b)底辺の歴史/無名の人々の歴史(民衆史)の方法としてのオーラル・ヒストリー。これは、社会学者のライフヒストリー研究と近い立場で、名のない人々の歴史を発掘し明らかにする歴史研究の方法としてオーラル・ヒストリーを用いようとする。歴史研究では通常文書資料が最も重視されてきたが、近年文書資料に表れない歴史を研究することが大きな潮流となり、メディアから疎外されている人々、声なき民衆の歴史を掘り起こす試みの方法としてオーラル・ヒストリーが取りあげられている。

歴史学研究会は機関誌『歴史学研究』の一九八七年六月号を特集「オーラルヒストリー」としている。そのほかオーラル・ヒストリーを取り入れた歴史研究は最近増えているが、初期のものとして色川大吉編『水俣の啓示』下巻(一九八三年 筑摩書房)に収録されている角田豊子「天草の女—嵐口の一老女の話」は非常に優れた聞き取りであり、岡本達明、松崎次夫編『聞書水俣民衆史』全五巻(一九九〇年 草風館)は膨大な聞き取りによる歴史である。また Haruko Taya Cook & Theodore F. Cook, *Japan at War.* (1992 New York)、歴史研究者ではないがスタッズ・ターケル(中山容訳)『仕事!』(一九八三年 晶文社)もごく普通の人々を対象とした聞き取りとしてあげておきたい。

(c)政治学者によるオーラル・ヒストリー。それは「公人の、専門家による、万人のための口述記録」、「インタビューの対象となる人物は、とりあえず『公人』、公的な立場の人ということになる。その人物に対して、オーラル・ヒストリーの『専門家』、プロフェッショナルがある積極的な働きかけをして、『万人のための口述記録』を作成する」と定義されている(御厨貴『オーラル・ヒストリー 現代史のための口述記録』(二〇〇二年 中公新書)五ページ)。

こうした立場にたつ政治学研究者による政治家のオーラル・ヒストリーは近年数多く刊行されている。例えば、中曽根康弘(インタビュー:伊藤隆、佐藤誠三郎)『天地有情 五〇年戦後政治を語る』(一九九六年 文藝春秋社)、御厨貴、中村隆英編『聞き書宮澤喜一』(二〇〇五年 岩波書店)といった作品である。また日本政治学会年報の『年報政治学二〇〇四年』はオーラル・ヒストリーの特集になっている。

オーラル・ヒストリーという同じ言葉を使いながら、前二者と後者とはかなりの違いがある。そして特に問題なのは、(c)の立場にたてば、読者・視聴者研究としてのオーラル・ヒストリーは成り立たないことになる。また、(a)、(b)の立場は読者・視聴者研究とつながっていく面があるが、いずれにせよ、社会学者・歴史学者・政治学者によるオーラル・ヒストリー方法論は、そのまま読者・視聴者研究でのオーラル・ヒストリーに当てはまるわけではないのである。

また社会学者がライフヒストリー、ライフストーリーという言葉を使って、「ライフ」を重要視していることにも注意する必要がある。社会学者桜井厚はライフストーリーという言葉を使い、「ライフストーリーは、個人のライフ（人生、生涯、生活、生き方）についての口述の物語である。また、個人のライフに焦点をあわせてその人自身の経験をもとにした語りから、自己の生活世界そして社会や文化の諸相や変動を全体的に読み解こうとする質的調査法の一つである」と定義している。[3] そして「ライフストーリー」と「ライフヒストリー」とを区別し、「ライフストーリーは、ライフヒストリーともっとも親近性が高く、そこに出自を求めることができるが、概念としてははっきりと違いがある。ライフヒストリー研究が、まず個人に焦点を合わせた語り（ナラティヴ）を重要な資料のひとつと見なしている点で、同じように見えるが、その描かれる人生が主に時系列的に編成されている点が異なる」[4]、あるいは「語りは個人の人生や過去の出来事の経験にふれるが、あくまでも研究関心は個人の人生や生活にあるのではなく歴史叙述にあるところが、オーラル・ヒストリーの特質である」[5]としている。桜井がライフ・ヒストリーの代表作としてあげているのは、中野卓編著『口述の生活史　或る女の愛と呪いの日本近代』である。これは一人の老人が中野卓の問いかけに答えながら、自分の一生涯とそれを透かして見える日本の近代を語っているのであって、まさにヒストリーである。

宮本常一の著名な「土佐源氏」[6]もライフヒストリーといえる。ただ、「土佐源氏」についてはその見事な語りの故にかえって網野善彦は「文学作品とうけとることもできよう」[7]という言い方をしており、その評価については種々の議論があるが、ここでは割愛する。[8]

これに対しライフストーリーは、「個人のライフに焦点をあわせてその人自身の経験をもとにした語り」としているから、必ずしも時系列な語りであることにこだわらないのである。ただ、その場合、「体験」と「経験」を概念的に区別し、「〈体験〉を現実に起こった出来事に遭遇して「外的な行動として現れた振る舞い」」、「〈経験〉とは、「語り手のイメージ、感覚、感情、欲望、思想、意味などをともなって成立するもの」と規定している。あるいは「経験」は「互いに区別されたすでに過ぎ去った過去の経験」であって、「それは「注意作用」によって反省的にとらえられた」「有意味な経験」であるともされている。「体験」「経験」という言葉を使うかはともかく、実際に聞き取りをおこなう際には、この区別は重要である。語り手が何を話しているのか、聞き手が何を聞こうとしているのかをはっきりしておかないと混乱してしまう。

ライフストーリーとライフヒストリーとを区別するとすれば、後者は時系列な語りであることによって政治学者のオーラル・ヒストリーと近い関係にあることになるだろう。読者・視聴者研究における聞き取りでは、どちらも必要である。

メディア史におけるオーラル・ヒストリーといっても、送り手のそれはライフヒストリーと近く、その方法論を参照することが可能だろうが、読者・視聴者研究ではどうだろうか。これまでの読者・視聴者研究は、まさに読者・視聴者研究であって、人々の「ライフ」をトータルに捉えるよりも、閲読・読書・視聴という「ライフ」の一局面をとらえようとしてきた。予め用意した質問と選択肢から回答を得て、それを集計する量的調査はそうしたものとしてある。調査に応じた人々が自己の「ライフ」の語り出したとしても、それは余計で邪魔な雑音でしかなかった。オーラル・ヒストリーを読者・視聴者研究に用いる際には、その方法論的反省が必要になってくるのである。

三　オーラル・ヒストリーの可能性

これまで読者・視聴者研究にオーラル・ヒストリーを用いる場合の前提について述べてきたが、実際にオーラル・ヒストリーに取り組むことになったときに直面する問題について考えてみたい。

(1) 聞き取りの対象の選定

一般的に読者・視聴者は特定されないから、任意に対象を選べることになる。だが、任意に選ぶというのは、裏返せば選びようがないということでもある。例えば、近所の老人会とか老人介護施設に赴いて協力してもらえる人を選び、聞き取りしてみるということでもよいことになる。しかし、これは適切な話し手が見出せず、労多くして、成果があがらない作業となる可能性が高い。ただ、時間をかけた予備調査を数回を試みていけば、適切な話し手を選べて、成果をあげることができるかもしれない。

対象を予め特定する方法も考えられる。研究者の関心によって地域、年代などを予め特定して話者の候補者を探す。

さらに、特定の体験をしたことが事前に分かっている人々あるいはその関係者から話してくれる人を探す。これは格別のあてもなく話者を探すより効率的であるはずである。だが、そのなかでも適切な話者を容易に見いだせるとは限らない。

だが、そもそも適切な話者ということはどういうことなのか。それは基本的には研究者から見た適切さであって、自分の問題関心にそくして自分の期待する応答をしてくれる話者ということになってしまいがちである。それはオーラル・ヒストリーにつきまとうのだが、読者・視聴者調査では集約的に表れてくる。

研究者が聞きたい話をしてくれる話者を探し、その話を聞くのであれば、一種のトートロジーになってしまう危険がある。前述のように研究者は「不特定」、「任意」の読者・視聴者として話者を見ている。しかし、話者は「任意」の一人としてあるのではなく、語りたいのは自分の生活体験であり自分の唯一の人生であるのだ。メディアの体験もかけがえのない自分の生活、自分の人生のなかに埋め込まれていて、それだけを取り出して語ることはできない。しかし、研究者が聞きたいのはその人の人生ではなく、そのごく一部の体験でしかないとすれば大きなずれ違いが起きる。これは聞き取りの現場で生じ、お互いに不満足のまま聞き取りは不調に終わることになる。

（2）特定の事件の体験者からの聞き取り

不特定の読者・視聴者からその人の人生におけるメディア体験を聞くという聞き取りとは違って、特定の出来事・事件を体験した人を探し、聞き取りをおこなうという方法は、これまでノンフィクション作家などによってなされてきた。作品は多く、貴重な語りを読みとることはできる。そこでなされている聞き取りとそれをもとにした歴史叙述はオーラル・ヒストリーの可能性を示しているだろう。作品はあげるのは煩雑になってしまうので止めるが、例えば山崎朋子『サンダカン八番娼館』、澤地久枝『滄海よ眠れ』などがよく知られており、感動的な作品である。

そうした地道で丹念になされた聞き取りまでいかなくても、研究者が何らかの方法で特定の事件を体験した人、あるいは特定の新聞雑誌書籍、ラジオ番組テレビ番組を愛読・愛視聴している人を募集し、聞き取りをおこなうことは可能である。

例えば、公的歴史における重要な日（例えば七月七日、一二月八日、八月一五日）のメディア報道を体験した人。東京オリンピックを実際に体験した人々を募集し、聞き取りをすることは可能であろう。

ただし当人にとって重要な意味を持つ日と公的歴史における重要な日とのズレ、あるいは公的歴史が一つであるとは限らない。複数の公的歴史が存在することを考える必要もある。それがないと、聞き手と語り手の食い違いを招くばかりでなく、聞き手が自らのイデオロギー性を自覚していないことからくる聞き手の勝手な「語り」が記録され、逆に語り手の重い語りを聞き逃すことにもなる。

谷富夫『ライフヒストリーを学ぶ人のために』には八月一五日と沖縄の人々の六月二三日の違いへの「日本人」の無頓着の例があげられている。[9] また澤地久枝『滄海よ眠れ』には、ミッドウェー戦で戦死した名も無い沖縄出身水兵の家族から聞き取りをするために覚悟を決めて八月一五日を沖縄で過ごすことにしてみたところ、思いがけず沖縄にとっては八月一五日が何の意味もない日付でしかないことに気がつく経過と沖縄戦で家族ばらばらになった姉妹が八月九月になっても乞食のようになって米軍の食い残しをあさって生活したことや幼い子が栄養失調で死んでいったことを聞き、その人たちにとって八月に戦争が終わったことはまったく「無縁」であったことを記している。研究者が自己の思い込みに気がついて、その反省を深めることによって聞き書きを奥深くすることができるのである。

またもっと手軽な聞き取りとして、例えば特定の番組の視聴者から応募者を募って番組について意見・感想を聞く調査が、いわゆるカルチュラル・スタディーズ系の研究者によって試みられている。[10] 今のところこうした研究が視聴者から聞き出している体験は陳腐なものでしかないのだが、研究法としてはやってみるに値する試みであろう。

ただし、その調査法のもっている問題点は十分自覚する必要がある。例えば調査対象は初めから一定の偏向のもとに集められているのであるから、その語りの内容が偏向していることは明らかである。その偏向をどのように考えるのかがポイントである。

(3) 生活のなかでのメディア体験

読者・視聴者研究における方法としてオーラル・ヒストリーを用いる場合、最も難しい問題は既に浮かんできたように、ごく平凡に生きた人々のメディア経験は生活のなかに埋め込まれていて、それだけを剔出することは非常に困難であることである。メディア体験は生活のなかのごく一部、一局面で、ふだんは格別意識されず生活のなかにしみこんでいて、当人たちにとっても格別意識されることはない。例えば東京オリンピックの体験を聞くことは可能であろう。だが、その体験のなかからメディア体験だけ取り出し、さらにメディアの役割に注意を向けさせることはかえって聞き取りを貧弱なものにしてしまう。

語りは、しばしば思い違いや錯覚をともなっている。場合によれば、実際には体験しなかったことでも、あたかも体験したことであるかのように語ることも珍しくはなく。そうした勘違いは重要で、聞き手がどのように対処するかは場合場合によって異なるが、勘違いをそのまま記録し、まとめる段階で何故そのような勘違いをしているのかを分析していけば研究は深まるはずである。「記憶」「忘却」という主題との連続ができる。

聞き手がメディア体験に注意を向けるように語りを誘導しようとすると、かえって話者との関係を難しくしてしまうことが起きる。それだけでなく、元来メディアの体験というものは生活のなかに埋もれ、格別意識されないものであるはずであるから、それを脈絡から無理に切り取ってしまうことは不毛な研究に陥ることになる。となると、メディア史研究は、人生をトータルに聞くということを研究目的にしているのではないが、強いてメディア体験に焦点をあてることになく、トータルに人生の経験を聞くことがかえって有効で、豊かな研究になるのではないだろうか。それは迂遠であることも確かだが、そうしたやり方によってごく平凡な人のメディア経験を聞き、あとはそれを読み解くのが研究者の役割である。

そうした方法には、研究視角そのものの再検討を迫ることにもなる。特定の時点の特定の出来事におけるメディアの効果、メディア体験を研究することを一概に否定するわけではないが、そうした問題設定はたぶんにアメリカの研究の影響である。その難点は既に様々指摘されているが、ここでの関心からいえば、前提にある社会、文化、価値観などを不問にしてしまっていることである。メディア史研究では、社会、文化、価値観などの変容を歴史的展望のもとに研究することこそ重要である。

そこでは、人々の実際の生活体験とそこから醸成される思考・心性、他方でメディアが媒介する間接的な経験とメディアが提供する思考の枠組、この両者がいかに接合しているのか、いないのか、それがどのような歴史的変容を遂げていっているのかを明らかにすることがメディア史の重要な研究主題である。直接的体験とそこから熟成される思考、メディアによる間接的体験から習得する思考とは水と油のように異質な二層をなしているのかもしれない。あるいは二つのノコギリの歯のようにぎざぎざに噛み合っているか、それとも境目のなく相互に融合しているのか。もはや実体験は縮小してしまい、メディアによる間接体験とその思考枠組が人々の意識に広く且つ深く浸透しているということもあるえる。いずれにせよ、そうしたメディア史研究の大きな主題においては、個々の出来事でのメディア体験を無理に抽出するのでは有効ではなく、人々の生きてきた体験をトータルに聞きとり、人々の体験と思考を解きほぐしていく方法が有効だし、必要である。

桜井厚も別な脈絡ではあるが、「もはや口述資料自体を、文字資料をはじめとするメディア環境の語りと切り離して論ずることはむずかしいといえるかもしれない」「私たちはオーラリティを語り手の固有の語りとして素朴に受け止めるのではなく、そこに紛れ込んでいるさまざまな社会的コンテクストに目を向けることが求められるのである」（前掲書一七ページ）としている。

四　まとめ

これまで述べてきたように、オーラル・ヒストリーは近年様々な研究において用いられる方法であるが、多くの未解決の方法上の難問を抱えている。それは便利な研究方法というだけではなく、そこには既存の研究視角・研究概念を再検討する契機が存在している。しかし、同時にオーラル・ヒストリーは安易な研究に陥りやすいことにも注意しなければならない。

苅部直は「オーラル・ヒストリーの叙述は歴史の語り手と、それを聞き、書きとる側との、共同思考の産物にほかならない。聞き手を前にして話すということ、そして、問いかけられ、それに答えることが、語りの内容に、大きな影響を与えてゆく。さらにまた、語りを文章化する際には、書き手による一種の編集の営みが介在することになる」と述べている。(11) 確かに聞き取る側と語る側の協働性がオーラル・ヒストリーを成立させる。しかし、この聞き手と語り手の協働性には、大きな陥穽が伏在している。

聞き手と語り手の間の緊張関係が弛緩してしまえば、協働関係は馴れ合い、共犯関係に転じてしまう。オーラル・ヒストリーは自慢話の再生産、さらには歴史の偽造への加担になりかねないのである。

註

（1）拙著『近代日本のメディアと地域社会』（二〇〇九年　吉川弘文館）。
（2）谷富夫『ライフヒストリーを学ぶ人のために』（一九六六年　世界思想社）四ページ。
（3）桜井厚『ライフストーリー論』（二〇一二年　弘文堂）六ページ。
（4）前掲桜井九ページ。
（5）前掲桜井一一ページ。
（6）宮本常一『忘れられた日本人』（一九八四年　岩波書店）。

（7）前掲岩波文庫版解説。

（8）この問題は手塚恵子「心象と民俗」『講座日本民俗学』二（一九九八年　雄山閣）が論じている。

（9）前掲谷本一六ページ。

（10）例えば、Ien Ang. *Watching Dallas: Soap Opera and the Melodramatic Imagination.*（1985 London）。

（11）苅部直「オーラル・ヒストリーの時間」『年報政治学　オーラル・ヒストリー』（二〇〇四年　岩波書店）三八ページ。

《研究ノート》

日本新聞会の記者錬成

―戦時・新聞新体制を目指した三年間―

大津昭浩

はじめに―本研究の狙いと方法

一九四〇年代、戦前・戦中期の新聞・通信社に対して日本政府は、新しい戦争体制の構築の必要性に迫られていた。その中で、日本新聞連盟は新聞新体制（つまり新しい戦争体制）の提言(1)（四一年十一月）を政府に提出する際、新聞従業員に対する「養成訓練」の実施を提言した。これは新聞・通信記者の養成訓練と解釈され、新聞新体制を推進するための根拠法となる「新聞事業令」(2)（四一年十二月十三日施行）に結びつく。(3)

新聞事業令として規定された新聞記者に関する法令は、新設する日本新聞会によって全国の新聞記者を一元的に「登録」し、「養成訓練」を実施するというもので、(4)記者の登録要件ならびに養成訓練規定として指導目標が設定された。新聞社が採用した従業員であるペン記者・カメラ記者を一定期間合宿させて、訓練を実施するという計画は、新聞業界の自主的統制団体が立案・実施していた。日本新聞会は養成訓練を実施するにあたって事務局内に「錬成課」を設置（四二年五月）、業務内容を決めていった。(5)日本新聞会が全国の新聞記者に対して錬成を実施した目的はどのようなもので、この新聞記者錬成はどのような規模の計画であったのか。さらに、実際に記者錬成を受けた新聞記者らはこの訓練をどのように考えていたのだろうか。これらの点に関しては戦時期のメディア研究においてほとんど顧みられていない。この理由としては日本新聞会が発足し、解散するまでの期間が開戦冒頭から終戦半年前にかけての三年程度というごく短期間であったことに加えて、当時の新聞記者による記録が殆どない点にある。

一　新聞記者錬成の事業目的―新聞統合との関係から見える点

日本新聞会は、一九四二年六月頃から記者錬成の準備に着手(6)、四四年三月には新規の記者錬成指導目標を策定、陸海軍報道部に所属する報道班員の育成方針を掲げている。日本新聞会は、政府からも事業費を支出される自主的統制団体であるが、基本となる予算は会員である新聞社から、発行部数に応じて会費を徴収する任意団体としての性格も持っている。当然ながら、記者錬成の内容・規模についても会員の要望も受け入れなければならない立場でもあり、記者錬成は実務担当の事務局とは別に、新聞経営者で構成する「理事会」の承認を必要としていた。記者の錬成は、日本新聞会が一元的に実施したが、最終的に対象となった記者群については段階的に絞り込まれていった経過がみられる。

記者錬成は、後述するように単純化すれば新聞記者らの思考を新聞新体制に切り替え、それにふさわしい記事執筆と編集作業を実現することが目的だったといえる。日本新聞会による記者錬成について河崎吉紀による研究では「新聞記者の再教育が錬成委員会によって開始(7)」されたと記されているように、実施された記者錬成は〝再教育〟を念頭において、中堅・幹部の記者・編集者を対象としていた。こうした新聞新体制に合致した思考、新聞制作上の編集実務作業における転換、とくに取材記者に対する再教育の必要性を認識していたのは政府・軍部に限ったものではなく、全国の新聞社統合の最終段階にあった地方紙の側も同じであったと推測できる。その理由は掲載記事の質的な変動に加えて、対米戦争の開始に伴う戦局「報道」の強化・増大に対応する必要性が生じていた点にある。しかし、統合間もない地方紙が自力でこれらに対応する記者を確保することは困難であり、この部分を補うのが日本新聞会による新聞従業員への「養成訓練」事業であったと言えよう。実際に、同会が主催した記者・編集者錬成は「地方記者」を主対象としたものが目立つ。この背景には当初は、新聞統合直後の新聞新体制に対応した記者教育が必要であったという要素もあるが、後述するように、徴兵によって現役記者が引き抜かれ老練な記者不足の現状に直面した地方紙が取材機能の低下を補おうとする要素に置き換わっていったという側面も見えてくる。

こうした要素については、全国紙（ならびに同盟通信社）にとっては必ずしも該当しない。なぜなら、記者はある程度、社内養成可能なものであり、特に、従軍報道に関しては自社の外地支局機能をはじめとして随時、従軍記者を特派する体制を持っていたからである。この点で、全国紙はすでに新聞の戦時体制・新聞新体制に対応する準備は終えていたとも言えるのである。このため、日本新聞会という全国組織に頼って、自社の記者錬成を求める必要性は強くなかった。これは、実際に全国紙で報じられた記者錬成記事は扱いが小さいか、あるいは記事化すらしないというように、記者錬成に対する熱意の低さ、協力姿勢の低さに示されている。

新聞社統合や、新聞資材の最適配置といった新聞統合事業が、前身の社団法人新聞連盟の段階から新聞社間で合意され、練られたものであったと同様に、新聞記者（従業員）に対する養成訓練についても、調査研究が進められていた。ただ、実行段階では日本新聞会が発足した以降に規定類の整備から始める必要が生じた。さらに訓練を全国規模に拡大させるにあたっては早急に専用施設整備も求められた。

本稿においては、こうした事情を踏まえつつ、戦時期において新聞記者の錬成・養成訓練がどのような目的、計画で実施されていたのかについて、さらに錬成を受けた記者たちの体験と評価について考察することを試みる。そのために、日本新聞会が実施した記者錬成として特徴的ないくつかの事例を検討する。一つは、最初の記者錬成として長野県内の農業訓練施設において実施された「中央長期錬成」に関連する事例である。日本新聞会では「日本新聞会記者規定」[8]の策定を先行させたが、この記者要件決定までに発生した規定の差し替え事例とその影響について考察する。そして記者錬成参加者によるリポートとして機関紙・地方紙での署名記事のほか、わずかであるが錬成参加記者の回想録も事例として考察する。これらについてと、全国紙における当時の掲載例とを比較することが可能であるが、記者錬成を大きく扱っていたのは地方紙であり、全国紙では掲載例すら確認できないケースが多いことが分かる。こうした日本新聞会の錬成・養成訓練がどのような目的・計画で実施されたのか、同会が事業として実施した記者錬成の体験と、その評価について考察することを試みる。

もう一つが、日本新聞会が東京都下に設けた錬成道場についての考察である。記者錬成事業がある程度軌道にのった四三年に土地買収を含めて計画された専用錬成施設であるが、当初の計画が瞬く間に変更・縮小されていった経緯を追い、日本新聞会の記者錬成に対する現実的な受け止め方を見ることができる。これらの事例を検討しつつ、日本新聞会による新聞記者錬成の実像について、その一端を考察したい。

二　養成訓練から錬成記者規定の策定と〝国体明徴〟の要件化

二―一　記者養成訓練が規定されるまで

一九四一年十一月二四日に「全国の新聞社を強制加盟せしめたる統制機関として現在の社団法人新聞連盟を強化」することなどがいわゆる田中統裁案として取りまとめられ、政府に申達されている[9]。しかし、この段階では新聞従業員らに対する「再教育」の実施は盛り込まれていない。新聞記者などに対する再教育は、この申達を受けて政府の方針を示す閣議決定「新聞の戦時体制化に関する件[10]」の中で、初めて見出される。すなわち「三、新聞記者の育成等」として「新聞の運営に従事する新聞記者の品位向上と地位の保障を確保する為左の措置を講ず　一・新聞統制会の事業として新聞記者の養成訓練を実施す　二・新聞記者の採用は統制会をして審査登録せしむ　三・共済施設等厚生施設の完備を期す、之が為政府は相当の補助を考慮す」とされ、これを法令化したのが同十二月十三日に公布された「新聞事業令[11]」であり、「日本新聞会設立準備については定款の作成、会長の銓衡、統制会の事業、統制規定等みな連盟理事会において原案を作成したのであった。また調査研究中の事項もそのまま日本新聞会に引き継がれた[12]」。

この新聞事業令では新聞産業に対する統制として新設団体を介して、「新聞の編集其の他新聞事業の運営に関する統制指導」（新聞事業令第七条一項）、「新聞事業の整備に関する指導助成」（同二項）、「新聞共同販売其の他新聞事業に関する共同経営機関の指導助成」（同三項）など新聞

【日本新聞会記者規定（部分）】（第１條～11 條：1942 年７月１日施行）

第１條	本規定は日本新聞会定款及び統制規定に基づき記者の資格を定め地位の向上を図り以て新聞の国家的使命を達成せんことを目的とす
第２條	本規定に於て記者と称するは本会会員の事業に勤務し又は密接なる関係を有し新聞の編集又は取材に直接従事する者を謂ふ
第３條	記者の左の條件を具ふる者にして記者資格銓衡に合格したることを要す
	1、帝国臣民にして成年者たること
	2、国体観念を明徴にし記者の国家的使命を明確に把握し且常に品位を保持し公正廉直の者たること
	3、高等専門学校以上の卒業者又は必要なる知識経験ありと認むる者たること
	4、禁治産者、準禁治産者又は破産者にして復権を得ざる者に非ざること
	5、禁錮以上の刑に処せられ其の刑の執行を終り又は執行を受くることなきに至りたる後２年を経過するに至らざる者に非ざること
	6、政治的又は思想的結社に加入し在らざること
	7、営利事業に従事せざる者たること前項第６号及７号の條件に付ては特に必要あるときは会長に於て其の除外を認むることを得　（第４條以降省略）

［❶日本新聞会記者規定（部分）］

［❷「戦う日本　土に学ぶ新しき記者道」（朝日新聞一九四二年八月九日付）］

共同会社に関連する規定に加えて「新聞記者の登録並に新聞従業者の厚生施設及養成訓練の実施」（同四項）が挙げられた。新聞事業の集約化の推進と合わせて、新聞記者の登録を実施することがうたわれたことが注目される。ここでは新聞記者に対して何を行うのかが示されていないが、全国の新聞記者を登録する機関が、新団体の業務であることは明示されており、新聞統制団体に所属する新聞社が新聞を発行し、そこで勤務する新聞記者も同団体によって登録・訓練を行うことが想定されていた。

日本新聞会は新聞事業令に基づいて四二年二月に発足し、同会定款ではその事業として「新聞記者の登録並新聞従業員の厚生施設及養成訓練の実施」（同四項）として、全国の新聞記者を一元的に登録し、養成訓練することが事業として実施されることになった新聞記者に対する一元的な管理および養成訓練が実行に移されることになったのである。

二―二　国体明徴規定が記者要件に追加された意図についての考察

日本新聞会が新聞記者錬成を実施するにあたっては、さまざまな規定類の整備が必要だった。また、実施主体となる事務局体制も整える必要があった。新聞記者の養成訓練事業は日本新聞会として、独自に全体像を着想していく必要があったのだ。すでに新聞経営者に対しては「日本新聞会統制規定」[13]のなかで「会員は本会の新聞記者登録を受けざる者を新聞記者として使用することを得ず（略）」（同十三条）そして「会長は会員の事業に従事する者をして其の指定する機関に於て養成又は訓練を受けしむることを得」（同十四条）などと規定され、雇用している新聞記者に対して日本新聞会からの縛りがかけられることになっており、日本新聞会は新聞社員らに対して養成訓練を実施できることになっていた。

日本新聞会が設定した新聞・通信記者に関連する諸規定の成立時期について、日本新聞会の会報を元に時間軸を追ってみると、四二年五月十八日に第一回の日本新聞会設立総会が行われる以前から、事務局はすでに活動を開始しており、六月に編集委員会（編集課長・比佐友香、朝日新聞）

が「日本新聞会記者規定」、「記者資格銓衡委員会規定」そして記者錬成参加者の募集要項にあたる「日本新聞会記者錬成所設立趣旨」を会員新聞社に告知している[14]。

この「記者規定」は単純に決定されたものではない。とりわけ、記者規定として日本新聞会が重視していたと考えられる部分の第三条二項について見てみる。これは日本新聞会に登録される新聞・通信記者の要件を規定するもので、同会機関紙「日本新聞会々報」が公表した最初の規定案[15]では同二項は「記者の国家的使命を明確に把握し且常に品位を保持し公正廉直の者たること」となっていた。しかし、六月十五日に開催した編集委員会において「国体観念を明徴にし記者の国家的使命を明確に把握し且常に品位を保持し公正廉直の者たること」[16]として急きょ、「国体観念を明徴にする」云々の項目を追加する内容に差し替えられている[17]。

さらに「中央長期記者錬成要綱」[18]は、初の記者錬成開催の趣旨および方針を明らかにし、この錬成への参加を呼びかけるものであったが、この記者規定の内容変更には複数の主力空母を一度に喪失するという衝撃に反応した軍部による、総力戦体制の具体化を希求する強い意図が推測される。ここでは「イ、心身の修練による日本精神の体認と強靱なる意思及び身体の錬成」「ロ、規律ある共同訓練による秩序的集団行動と精神の修練」「ハ、国体、日本文化、時局、戦争、総力戦体制、大東亜共栄圏、新聞等に関する指導、研究等を実施し、官民一体の総力戦体制下に於て、自己の国家的使命を自覚し、而も明朗雄渾にして建設的識見を持つ新聞人格の修練を行ふ」ことなどが実施する記者錬成の目標として示された。

後述するが、日本新聞会の新聞記者錬成における「指導目標」は時期によって変化がみられる。ただ、登録する新聞記者の要件に「国体観念を明徴にする」ことが新たに加わったことで、新聞記者錬成の性格付けに大きく影響を与えたと考えられる。逆に言えば、日本新聞会の規定していた「養成訓練」の内容は不可避的に精神性の強調を前面に出さざるを得なくなったと考えられよう。

三　記者錬成の実態　地方紙記者強化のねらい

三―一　中央長期錬成の実施と参加者

日本新聞会が全国の新聞社に対して記者錬成への参加要請を呼びかけたのは一九四二年六月三日付の同会機関紙「日本新聞会々報」が最初で、「錬成」というフレーズが用いられた。比佐友香錬成課長（編集課長と兼務）は「記者の錬成について」（同二面）で、「本会はいよいよその錬成に着手しようとするのであるが、多くの記者を一定の方針のもとに生活規律を通じて錬成を行ふ場合にはそれにふさはしい機関と設備がなければならない、機関としては記者錬成所を設置することに決定したが、近き将来に於いて相当の設備をも持ちたい（略）本会は相当の覚悟と気魂をもつて臨むと同時に新聞界全体がこの錬成の意義に徹してこの事業を迎えて戴きたい[19]」と参加を呼びかけた。合わせて示された「日本新聞会記者錬成所要綱」の目的は「新聞記者に対し、新聞の国家的公器たるの理念を徹底せしめ、その使命遂行に枢要なる基礎的教育を授け、皇国民的自覚の昂揚と協同的組織的行動精神の涵養と身体の鍛錬を図るを以て目的とす[20]」とされ、前述したように、「錬成項目」として「国体の本義」「日本精神」などの獲得が挙げられている。

この新聞記者錬成計画は四二年七月二〇日から九月二八日までの七〇日で、六〇人の参加を想定して長野県内八ヶ岳の農業訓練施設、神奈川県内・東京都内の民間合宿場、静岡県内の禅寺などで三期間に分けて実施する計画であった。応募者は四七名、平均年齢は三〇歳、全国各紙からほぼ、一名ずつ参加している。つまり参加主体は地方紙記者であった。中央長期記者錬成と呼ばれた錬成の第一期は、八月十日までの二〇日間、満州開拓団員を養成する農業訓練施設を使っての錬成であったが、実施中に多数の落後者を出した。先導役の比佐課長も一時入院するなど肉体的にも厳しい内容であった。また、錬成期間中にも召集令状を受ける記者[21]も出るなど最終的に残った訓練生は三〇人までに減少し、後半の計画は圧縮される事態となっており、次回以降の錬成計画に影響を与えたとみられる。

この中央長期記者錬成についての参加記者による記事が各紙に掲載されているが、これらとは別に、特徴的なのが同記者錬成を紹介する同一文面の署名記事[22]である。三千文字を超える写真付きのルポだが、まったく同じ文章で複数の地方紙（少なくとも「東奥日報」「伊勢新聞」「徳島新聞」）に掲載されていた。署名記者はそれぞれ自社の錬成参加中の記者名に変えられている。錬成期間中に参加記者が自社に送稿することは可能であったが、同一記事であった理由は、同盟通信からの配信記事であった可能性を示している。しかし、全国紙についての掲載例は確認できなかった。内容としては、中央記者錬成を実施している事実関係や背景など一般的な内容が大半であるが、八ヶ岳での錬成の感想として「（略）かかる雰囲気の中に客観的立場を一蹴し自分自身を当事者として十八日間敢闘し得た記者の喜びと収穫は極めて大きなものがあった」と締めくくられている。しかし、署名記者自身が執筆していなかったことは明らかである。

一方で、比較的自由な感想が述べられている部分が見いだせるのが日本新聞会機関紙での報告記事である。交替で複数の記者が執筆しているため、批判的な内容も混在していた。合同新聞・宇野善三記者、中国新聞・西村静一記者による七月二八日までの「八ヶ岳錬成日誌」[23]では現地到着直後から落後者が続出する様子がみえる。[24]「午後初めての作業、そば畑の地ならし、うね切り等不慣れの事にて全員疲労甚だしく（略）注意を受く」（七月二〇日）、「第二小隊金君腫物治療のため下山」（二二日）、「一小喜田君胸部打傷、南君神経痛受診のため下山、東京へ」（二三日）など。二五日には八ヶ岳登山が実施されるが、「行者堂に達する頃漸く難行なり、比佐総務、川野指導連日の疲労のためか引返さる、行者堂を過ぐる頃第一小隊七名、第二小隊二名また引き返す」（二五日）。錬成を行っていた中央修練農場（当時）は、満蒙開拓団などの農業訓練機関であったためさまざまな組織から訓練生を受け入れていた。日本新聞会の錬成はこの場所を借りて実施したのだが、本来の施設使用者であり農業者としての能力が高く、目的意識も全く異なる修練生との間でトラブルも起きた。「朝我々と農場長期修練生と些細の行違にて訓練生激昂せるも比佐総務の声涙共に下る訓示にて一切落着（略）」（二六日）、また、徴兵関連の呼び出しも行われており「夕刻第一小隊横川博巳君（信毎）に軍務公用の電報あり、早速礼拝所にて壮行式を行ひ、二十時自動車にて出発（略）」（二六日）、などと事務局・参加記者ともに目まぐるしい環境におかれていたことが分かる。

また、中央修練農場で行われていた「禊《みそぎ》」「日本体操《やまとばたらき》」についての記述もある。「四時三十分起床、初めて禊をなす（略）朝の礼拝は八ヶ岳の霊峰に向ひ、一、国歌奉唱、勅語奉読、弥栄三唱、場長の挨拶の順序なるも、丁度この頃霊峰より朝光輝きそめて荘厳、厳粛、爽快（略）」（七月二〇日）。「禊、日本体操等最初は何らかそぐわざるものを感じたるも、暫くして素直なる気持を以て真剣に実施し得るに至りたり」（八月七日）などである。参加記者は、農業訓練生と変わらない「禊」の実践を始めとする修練農場のプログラムにどのような気持ちで従っていたのか。

この記者錬成を記している回顧録はきわめて少ない。大阪毎日新聞の坂田三郎記者の述懐が当時の様子を良く伝えている。

「この錬成会は全国各社が参加し、一か月半の長期であったので、日記は失っても記憶はあざやかによみがえる。参加者は約百人。隊長は朝日の比左友香氏。第一小隊長が岡山の宇野さん、第二小隊長が上村さん。軍隊式に班長もきめられていた。大和魂をうちこむために八ヶ岳山ろくの開墾地に大根畑をつくるわけで、日の出た小川でみそぎ、朝食前に草刈り、そして激しい農作業がつづき、くたびれ果てたところに保田与重郎、秋山謙蔵、大串兎代夫諸氏の講義が待ちうけ、大本営陸軍参謀部の思想参謀から天照大神至高のハッパをかけられた。日輪兵舎での起居に新聞記者特有の口数もさすがに減り、茅野署長からの黒砂糖の差し入れや、肥料を運ぶリヤカーのガソリンに文明の香りがすると涙ぐんだくらいだった。つぎに川崎に移って体操や学習がつづいたが、丹羽文雄海軍報道班員のツラギ夜戦の記事を河北の青木さんが朗読し、みんな胸をおどらせたのもこのころである。また、何らかの都合で一日休みがあり、みんなが相談して、東北、関東、中部、近畿、中四国、九州と地域別対抗運動会を開き、仮装も現れたのが唯一の楽しい思い出である」[25]

坂田氏が述懐する地域別対応運動会は、記者錬成の第三期として神奈川県内にある民間の津田山道場で、九月四日に行われた余興を示している。都新聞の村上喜彦記者による「八ヶ岳錬成日誌」は錬成期間中唯一の余興を伝えている。

「起床時小雨だがすぐ止む。思い切って半日を面白いものにしようと衆議一決。東北北海道・関東・関西・中国四国九州朝鮮の四ブロックに分ける。九時から野村重臣「思想戦論」。十三時半から予定通り運動会「第一回全日本新聞記者狂戯大会」開始。名木田（東日）司会。坪井（関門日報）宣誓。伊喜見（東日）審判長。藤井（北日本）表彰委員長。弥栄三唱で式を終える。五〇メートル走、一〇〇メートル走、八〇〇メートル走、百足競走、盲唖競争、三人四脚、兎跳び競争という一般的なものから、集合競争（日常の太鼓合図から着想→一〇〇メートルの間に、ズボン、ゲートルなどを置き、服装を整えてゴールする）、「自主錬成リレー」（二五〇メートルを各組で走行距離を自由に設定して団結力を競う）などの錬成会ならではのもの。十六時には兎跳び中に降り出したため、「記者登録試験競争」「錬成回顧競争」は中止し、二〇〇メートル競走で終止符を打った。閉会式では坂田（大毎、大会副総裁）がビルマ語で閉会を宣し、天晴れを唱えて半日の幕を閉じる」[26]。

錬成開始当初は四七名の参加者が居たが、この段階では三〇名にまで減少しており、気分を盛り上げるために行われたようである。また、会期も予定よりは一週間程度圧縮され、九月二一日には中央長期錬成所退所式が日本青年館で行われて終了する。そして、この規模での記者錬成は再度、実施されることはなかった。

三―二　新聞会錬成道場の建設―計画縮小への流れ

新聞記者錬成として行った長期間の錬成が実質的に計画縮小となったが、他方では当初の計画どおり、常設の錬成施設の確保をすすめていた。一九四二年十二月十日に行われた日本新聞会第二回常任評議会では「他の団体所属の道場に頼るといふことでは十分なことが出来ないので、本会自ら錬成道場を所有することの必要を痛感してゐたところ、偶々東京府下西府村（省線國立駅付近）の山林地帯に適当なる土地を見出し、主務官庁の御諒解も得て二万三千七百二十七坪を購入することとしました[27]」として、予算概算として四五万円で第一期計画に着手することが承認されている。細目が決まったのは翌四三年二月で、「昨年度に於ける第一回記者中央長期錬成、工務幹部錬成、工務員錬成等の経験に鑑み本会としても独自の錬成道場を建設することの急務を痛感し、各方面に敷地を物色中のところ、昨年末に至り中央線国立駅東南方に好適の地を得、地元側の好意ある理解によって買収交渉も円滑に成立、次いで錬成道場の計画図も一応完了したので、二月一日第一回錬成道場建設委員会を開き、全員一致の賛成を得るに至った、仍って本会は急速にその建設に着手することになった[28]」。この錬成施設計画の規模は「講堂は本部に左し畳敷として百五十名を収容◎体錬所は本部の右、板敷きとし、椅子、机を設備して教室ともなす◎長期錬成宿舎は二棟に分れ、一室十畳として十二室、八十名を収容し得る◎食堂は畳敷きとし、ほかに土間食堂をも設備◎第二期計画に属する短期宿舎は禅堂式とし四棟約八十名を収容、同じく「厚生の家」は会員社の従業員の人々の為めの週末静養施設にして、将来はテニスコート、プール等もつくる予定[29]」であり、長期と短期を合わせて一六〇人を一度に錬成可能な規模であった。全国の新聞従業員を対象として錬成計画を実施可能な規模の施設であったと考えられる。

この記事では、山林を買収し造成・建設するような印象を受けるが、実際に当該のエリアで日本新聞会による土地登記が行われた形跡はない。ただ、既存の施設や錬成施設の存在は土地計画地図や航空写真によって確認できるため[30]、国分寺駅西方の国分寺崖線下の一角にあった民間施設をそのまま借用し、ある程度の増改築によって錬成道場を開設したと考えられる。「国立《くにたち》道場」などと称されていたが、落成式などの記事が見当たらないのは、既存の施設を流用したことと、実際に記者錬成の実施が困難になっていたことを示していると推測できる。さらに、この施設が錬成施設として使われた記録がほとんど確認できない。機関紙紙面上で同施設が利用されたことが分かるのはわずかである。「新聞会の錬成道場は中央線国立にあり総坪数三万五千坪、松林と雑木林であるが、開墾して食糧増産をすべく錬成部員はかねて毎週二回作業に従事して来たが、今後は毎日曜日職員のうち希望者に開放し収穫物は作業回数によって分配することとなり第一回作業を廿七日行った、家族連れも交って約五十名が参加し昼食には各自持参の味噌で味噌汁をつくって食べ和気藹々裡に作業し午後三時散会した[31]」といった内容の利用記録がある。また、「新聞会国立錬成道場には新聞会及び情報局、内務省警保局、日産経が農場を経営してゐるが相互に連絡して一層増産に邁進するため常会を組織することとなり二日代表者が新聞会会議室に参集、肥料、種子、農具等の確保融通等につき具体的に打合せ増産を申合せた[32]」とあり、この段階で錬成施設としての利用が見込まれなくなっていたことを示している。

専用道場として建設中であったとされる四三年度の利用は無かったが、新しい錬成目標が策定された四四年度以降についても「錬成委員会」以外に錬成道場としての利用された記録がない。これは記者錬成に記者を送り出す地方紙側の意向なのか、日本新聞会側の錬成を維持する体力がなくなっていたのか。専用施設を設けようとした発会当初の意気込みが急速に失われている。

結局、日本新聞会が四五年二月に解散した以降、同施設は、日本新聞公社の管轄に移った。この後、戦災被害者の受け入れ施設として利用されている。「新聞従業者で空襲その他の戦時災害者並に負傷者に対し新聞公社では湯河原及び国立にある健民修練所を開放してこれに収容しまた療養に当らしむることとなった[33]」。この後は食糧増産施設としての利用が続く。この施設がいつまで存続していたのかについての記録は確認できないが戦後、警察病院用地として買収・利用され、廃院後の現在は東京都の管轄になっている。

四　記者錬成の評価—記者指導目標の変遷

四―一　錬成委員会、編集幹部の評価

記者錬成は当初の三〇歳代の記者を対象とした初年度の錬成実績を踏まえて、一九四三年度以降には、記者・編集関係者向けの錬成は、基本的に都内か近県において数日から十日の期間で行われるようになる。専用施設が準備中であることから日本青年館などの研修施設を用いるのは初年度の記者錬成と同様であったが、農業訓練施設で行う錬成は実施されなかった。錬成実施について新聞紙面上で紹介

されるのは単なる開催記事程度で、実施内容そのものについてはまったく記事化されなくなっている。一方で、大手新聞社が社内向けに発行している「社報」にはいくつか体験談の掲載が見い出せる。例えば二年度目に入った四三年五月、編集最高幹部錬成会として四月二五日から二八日まで神奈川県内の箱根湯本の民間施設で開催されたものについて、大阪毎日新聞の小林信司社会部長の詳細なリポート(34)が残されている。一部分を抜粋し紹介する。

【記者錬成指導目標の変化】

日本新聞会　昭和19年度錬成事業計画（抜粋、1～10方面、1944年3月）

① 航空機生産方面取材記者の錬成：中堅記者錬成会（航空機生産取材担当記者）

実施要領：（イ）航空機生産増強促進に関する取材編集方法の研究（ロ）航空機生産増強に関する諸問題の講義座談（ハ）時局並新聞思想戦に関する講義懇談（ニ）見学（生産の実修を加ふ）（ホ）行、共同生活、その他による修練

② 船舶生産方面取材記者の錬成：中堅記者錬成会（船舶生産取材担当記者）

実施要領：（註：誤植と思われるが全て①と同じ）

③ 戦時食糧の確保増産方面取材記者の錬成：中堅記者錬成会（農政担当記者）

実施要領：（イ）戦時食糧の確保増産促進に関する取材の編集方法の研究（ロ）戦時食糧問題に関する講義座談（ハ）農耕の実修（ニ）時局並新聞思想戦に関する講義懇談（ホ）行、共同生活、その他による修練

④ 論説委員の錬成：新聞論説研究会

実施要領：（イ）輿論指導に関する論説の研究（ロ）時局諸問題に関する懇談研究（ハ）新聞思想戦展開に関する研究（ニ）行、共同生活其の他

⑤ 学芸記者の錬成：中堅記者錬成会（学芸担当記者）

実施事項：（イ）学芸面の活用に関する研究（ロ）新聞思想戦と生活、文化諸問題に関する研究懇談（ハ）時局認識（ニ）行、共同生活、その他による修練

⑥ 地区記者の錬成：中堅記者地区錬成会（九州中国四国、近畿東海北陸、関東東北北海道）実施事項：（イ）戦時新聞に於ける取材編集に関する研究座談（ロ）時局並新聞思想戦に関する懇談（ハ）各地区の地方事情に基づく戦力増強問題懇談（ニ）行、共同生活其他による修練（ホ）尚本錬成会に於ては報道隊的訓練を加味する

⑦ 編集幹部の錬成：編集部会錬成会

実施事項：（イ）取材編集に関する諸問題並に時局問題の研究協議懇談（ロ）政府当局者及本会首脳部との懇談（ハ）行、共同生活其他による修練

⑧ 其他幹部の錬成：総務幹部錬成会、業務幹部錬成会、工務幹部錬成会

実施事項：（イ）各職域に関する諸問題の研究協議懇談（ロ）政府当局及保海首脳部との懇談（ハ）行、共同生活其他による修練

⑨ 錬成委員会：錬成研究会

実施要項：（イ）新聞従業者の錬成に関する研究協議懇談（ロ）政府当局並本会幹部との懇談（ハ）錬成生活の実修的研究（ニ）行、共同生活其他による修練

⑩ 其他の錬成：本会の職員或は必要に応じ前掲外の錬成を適宜実施す

[❸錬成指導目標一九四四年・記者錬成指導目標の変化]

「日本精神道場で開かれた日本新聞会主催の全国新聞編集最高幹部錬成会にはからずも参加を命ぜられた、相憎く風邪を引き、おまけに尾籠な話ながら一週間も前から下痢がとまらない始末なので、内心えらいことになったと思ったが今さら引込みがつかない（略）明治神宮外苑日本青年館に集合、北は北海道から南は琉球まで参集した人達は、六十歳を筆頭に全国各社から四十五名いづれも国民服に戦闘帽、巻脚絆に背負袋のものものしいいでたちだ、本社側は東京塚田政治部長、西部奈良校生部長に私の三人（略）」

で行われた。そして錬成については

「常今は錬成ばやりで何かといふと錬成会が行はれるが、そのことの常否や錬成会の実施方法については色々批判の余地もあらう、しかし一番の問題はむしろ錬成のうけ方、うける方の心構へにあると思ふ、頭からばかばかしいと思ってかかったり、いやいややるならやらぬ方がましだし、やったところで得るところはない、大体新聞記者などといふ人種は人一倍横着でずぼらに出来上ってをり、理屈が多くてどちらかといへば甚だ素直でない、第一朝寝坊で宵っ張りの典型的生活慣習をもってゐるわれわれにとつて毎朝午前五時に起き、夜は九時半に寝かされることからして破天荒の難行である、まして一切主我的な意思活動を完封し、生来の批判癖を押し殺して鉄の規律と統制の中に集団生活をやって行かうといふのだか

ら、この錬成は駱駝に針のメドを潜れといふよりむつかしい注文だ―と実は私も行くまではさう考えてゐたのである」。

さらに、記者錬成の典型となっていた「禊」の効果について、相当に疑問的に表現しているとみてよいだろう。また、同リポートの締めくくりでは、編集最高幹部錬成で行われた新体制に関する講義・講習を否定的に批判しているが、次の様にそのまま掲載されている。

「結論として錬成会の中から理念や理屈を求めようとしたら失望する、従って変な新体制めいたお談義や講習を目論んだ部分は概して失敗であった、輿へようとする態度でなく相ともに行ずるところに値打ちがあるやうだ、行だけについていへば今回の錬成会は十分効果があったといへる、錬成は教へるものではなくて自ら体得するものだから、つまるとかつまらないとか批評の限りではない、私はあの森厳な止気の聲を尊いものに思ってゐる」

小林記者は、錬成会そのものの否定はしていないものの記者錬成事業を否定的に捉えていた。掲載媒体は「内報」という位置付けだが、錬成会で講師役を担っていた大学教授、情報局幹部や陸海軍報道部幹部なども合わせて批判した格好だが、当時の記者錬成参加者の率直な感想といえるのではないか。

四―二　報道班員育成へのシフト

新聞記者錬成に参加した中堅記者から、編集幹部、地方紙幹部、取材幹部、整理幹部などさまざまな枠を設定して記者錬成が行われたが、年度別に編集関係者を対象とした錬成を集計してみると、実質的な初年度にあたる一九四二年度は計三回の開催（延べ六八日間、参加総数六〇名）、翌四三年度が同九回（同四四日間、三〇一名）、最終年度にあたる四四年度は同四回（同十九日間、一二三名参加）というようになる。合計すると、日本新聞会が発足した四二年から四四年末までの間、新聞記者・編集者対象の錬成は合計で十六回行われ、延べ開催日数は一三一日間。同参加人数は四八四名になった。[35] 記者錬成が行われたピークは四三年の春から夏にかけてのシーズンであった。記者錬成を開始するにあたっては、「錬成目標」が設定されたが、これが大きく改訂されたのは四三年度末で比佐友香を中心とする錬成員会が立案し、日本新聞会理事会で決定した。これまでの錬成指導目標と大きく異なるのは、一〇種類の重点取材領域を設定し、ここを集中的に取材させる目的で中堅記者を対象とした短期集中錬成を実施するというものであった。[36] 一方、新設する「錬成委員会」においては各新聞社の錬成担当者を集めて合宿形式による「行軍」「正坐」「農耕」といった記事作成に直接関連しない錬成について研究することなどを決めている。

新たに策定したのは航空機・船舶・戦時食糧確保という軍需産業領域の取材方法の研究として、現地での座談会などを行わせるもので、「新聞と軍事との関連性に一層力を注ぎ新聞人が報道班員として最も効率的に活躍し得ることを目標に狙っているなど新機軸」[37]を打ち出した。大本営報道部が徴用する記者を、日本新聞会として育成するという内容は初めてで、さらに論説委員、学芸記者、地区(地方)記者を対象とした錬成を実施させるといった内容であった。一方で、これらの新規錬成計画が策定された後、比佐友香錬成部長は四月に辞任している。

国立道場での錬成は、四四年度の「新聞人錬成計画」で新たに設置された、「錬成委員会」が実施した「錬成研究会」としての利用記録だけが確認できる。同委員会は地方紙・全国紙ならびに同盟通信の総務部長クラス二六名で編成されており、従来の日本新聞会錬成の評価、今後の新聞人錬成計画などを提言することを目的としていた。同委員会は初の錬成研究会として同年三月二五日から二七日にかけて国立道場や明治神宮などを拠点として錬成研究会を実施した。

錬成委員会では編集担当者らの錬成態度に強い不満が出された。「一般に編集局員が錬成に不成績である、彼等は思想と生活とが全くかけ離れてゐる、これを如何にして合致さすべきかが錬成の目標として採上げられねばならぬ、錬成会開催の方法として数社の人を集めるのもよいが一社全員の錬成も有効な一法ではあるまいか」(信濃毎日・山田)[38]、「新聞人の錬成は単なる行であってはならない、体練と同時に思想的な探求把握がなされるべきである、農耕作業を覚えた、行軍力が出来たといふだけでは物足りない、松陰は農業も行軍も出来なかったが偉大な思想家であり指導者であった、維新の志士がやった思想戦を現代新聞人が新聞を通じて行ふための錬成は肉体的な行と頭の行とが交互前進する形をとるべきでありその目標は米英撃滅の一点に集中されるべきである」(北毎・根井)[39]、「行は徹底的にやるべし、農耕結構、行軍結構、肉体的な錬成のうちに我々は何ものかを把握し得るであらう、行は飽くまで国体観念を明徴にする為の手段である古典研究もよいがそれだけでは我々の目的は達せられない、肉体的な行を通じてこそ我々はこれを体認し得ると思ふ」(日産経・辻)[40]というように記者錬成を再度、見直し、思想と行動(記事)の一致を強化する方針が各社幹部の間では打ち出された。

しかし、参加記者の印象は中央長期錬成の第二期、神奈川県内に会場を移した後のリポートが徳島新聞に掲載された連載が端的に示しており、研究会で幹部が指摘した状況を解消させるような取り組みにはなっていないし、参加者の意識もそうした取り組みをしようとしている様には受け取れない。「八月十日－十五日　午前も講義午後も講義、夜も講義－講義の連続である、午前四時半起床して玉川まで二キロの駆足、禊、体道　講義のときは睡魔と戦ふのが錬成かと思ふばかりである（略）こんな講義が四時間乃至八時間、その間に新聞界現役の新聞講義、夜は各社南方特派員を中心とした座談[41]」。この内容から参加者は相当に疲弊した感を受けるが、錬成を受ける記者・編集者と、これまで行われてきた錬成の効果に不満を持って改変しようとする錬成員会委員との、こうした認識の齟齬はどこから生まれているのかも解明の必要がある。

まとめ―新聞新体制に対する求心力の消失

記者錬成の立て直しを目論んだ報道班員育成を主眼とする記者錬成指導目標の策定や、指導方針強化を狙っていた錬成委員会の意向とは異なり、実質的な日本新聞会の最終年度となる一九四四年度の期中に、当初の目標を達成することなく突然終焉を迎えることになる。日本新聞会の発足以降、新聞記者錬成の立ち上げから携わってきた比左友香（錬成課が格上げされて錬成部長に昇格）は、この新しい記者錬成指導目標が策定された後、体調不良などの理由で四四年四月に日本新聞会事務局を辞任した。「各種の錬成会開催十八回に及び行一本槍の錬成から新聞人に相応しい知行一体の錬成へ新聞会錬成事業を進展せしめ最近では錬成委員会による錬成研究など新聞人の錬成に貢献したが、激務のため近来疲労してゐたので辞任したものである[42]」。しかし、後任の錬成部長選考は難航した模様で、読売新聞記者出身の神田孝一が就くのは六月までずれ込んでいる[43]。錬成員会の意向とは裏腹に、新聞記者錬成を牽引する事務局機能の混乱が起きていたのである。

日本新聞会の設置根拠法が国家総動員法に裏付けられる「新聞事業令」であったことは前述した。その日本新聞会は四二年二月の発足から丁度、三年後の四五年二月五日、緒方竹虎情報局総裁から解散を通告された。「政府は今回田中会長の任期満了を機とし、新聞会による全国新聞社の整理統合は一応完了を見たるものとして新聞会を解散することに決して、この旨三日新聞会に通告すると同時に一般に告示した[44]」との通告を受け、新設する新聞公社が「新聞記者の登録並に新聞従業員の厚生施設及び養成訓練の実施[45]」を行うことになった。これまで用いてきた「記者錬成」という言葉を、本来の新聞事業令で用いている語である「養成訓練」に戻した格好である。額面通りに解散通告を考えると、新聞統合の過渡期に新聞統制団体として、地方紙を中心とする新聞統合と合わせて実施していた地方紙を中心とする新聞記者の養成訓練も一定の成果があったこととして日本新聞会を解散させたと解釈できるが果たしてこの通りの意味であろうか。この点の解明も今後の課題である。

日本新聞会が新しい記者錬成指導目標を策定したのは、四四年三月に新設した「錬成委員会」であり、この主体は全国の新聞社の錬成担当者で構成した。当然に、この委員会の影響を受けて策定された錬成指導目標は、地方紙の取材能力に直接的に反映が見込まれる軍需産業取材を中心とした新たな（大本営報道部の意向の有無は不明だが）報道班員の育成を打ち出した。こうした点を考えると前述したように記者の再教育、実際の軍需産業取材を意識した記者錬成の実施を求めたのは地方紙の要望に応えるものであった可能性がある。

新聞記者錬成の目的を、当初の新聞新体制化を意識した「国体明徴」を体現する記者の育成から、戦争報道に特化する「報道班員」育成に置く新規の錬成計画を策定したが、最終年度において実質的に記者錬成は実施されていない。地方紙の意向を汲んだ錬成指導目標は、新聞業界にとっても実態にそぐわないものになっていた可能性もあろう。軍部・政府、つまり東條内閣の影響下で成立した「新聞事業令」と日本新聞会は、東條内閣が四四年七月末に失脚するのを待たずに求心力を急速に失っていたとみて良いと考えられる。新設された日本新聞公社では、錬成指導目標をまったく考慮しておらず、記者錬成も養成訓練も行っていない。これは、激化した本土空襲対応で、新聞機能の維持が中心業務になったためでもある。

日本新聞会は、対米戦争に対応した新聞新体制を構築するために設置されたが、同会が実施した新聞記者錬成は、地方紙・地方紙記者を、全国紙・同盟通信社並に戦時体制化させようとする意図が含まれていた。しかし、その手法は結局、促成的なものに終始し、新聞記者の養成訓練に特化した内容とは言えなかった。

註

（1）「新聞の戦時体制化に関する件」一九四一年十一月二八日閣議決定。新聞統制会の設立から新聞共同会社の設立などを推進する方針が示されたほか、政府の監督内容として新聞記者クラブを整理し新たに統制会による記者会の結成、さらに新聞記者の育成等として統制会による新聞記者の養成訓練ならびに審査登録を行うことを決めた。

（2）「新聞事業令」一九四一年十二月十三日施行～四五年一〇月六日廃法。「新聞の戦時体制下」閣議決定を法案化した。関連法規の「新聞事業令施行規則」（同十二月二〇日施行）による内務省告示（四二年一月十日）によって会員資格のある新聞社が指定された。

（3）新聞統合策による「一県一紙」体制への新聞事業者の集約は、里見脩による研究では「新聞事業令が実際に法的に威力を発揮し始めた四二（昭和十七）年二月を基準として、第三段階前期（昭和十六年九月から昭和十七年一月）と、第三段階後期（昭和十七年二月から同年十一月）に区分」（「戦時期におけるメディアと国家　新聞統合の実証的研究」「序章」六頁、東京大学リポジトリ二〇一〇）可能で、日本新聞会による新聞記者錬成は、新聞統合策の仕上げの段階にあたり、四二年二月の同会発足以降、実質的に業務を終える四四年末までの間に行われている。

（4）「新聞事業令」第七条四項「新聞記者の登録並に新聞従業者の厚生施設及養成訓練の実施」が規定され、新設する新聞団体がこの業務を行うことになった。「錬成」という語は用いられていないことに留意されたい。

（5）日本新聞会による記者錬成の立案は同会編集委員部会内で錬られ、編集課長と錬成課長は兼務だった。新聞記者の登録と訓練は錬成課が担当していたが後に担当が分離する。「日本新聞会職制第十一条：編集部各課は左の事務を掌る
編集課　編集、取材其他新聞紙面の改善に関する事務　錬成課　新聞記者の登録及養成訓練に関する事務」（『日本新聞会要覧』日本新聞会、一九四二年七月）。編集部から錬成部が独立するのは四三年五月に新職制が実施されてから（「編集委員会専門分会規定（案）四一一九」『情報局関係資料』（近代日本メディア史資料集成　第二期　第三巻　有山輝雄／西山武典　柏書房二〇〇二）

（6）「記者の錬成に就いて　錬成課長　比佐友香」（『日本新聞会々報』一九四二年六月三日付二面）、新聞記者錬成計画の趣旨、具体的な訓練計画ならびに錬成方針などを記した日本新聞会錬成所要綱などをまとめて公表し、記者錬成への記者派遣を呼びかけた。

（7）「日本新聞会記者規定」『制度化される新聞記者』（一六二―一六三頁、河崎吉紀、柏書房二〇〇六）

（8）一九四二年七月一日施行。記者職にある者は施行後三ヵ月以内に日本新聞会への登録申請が必要とされた。

（9）「新聞の戦時体制　法的に自治統制強化　個人経営認めず法人組織とす」（『東京朝日新聞』一九四一年十一月二五日付一面）

（10）一九四一年十一月二八日閣議決定（『現代史資料四一』みすず書房一九七五）

（11）P53、「新聞関係法令法規」『日本新聞会便覧』（日本新聞会一九四四）

（12）既出、小野秀雄、三三四頁

(13) 定款に次ぐ基本指針で、違反の場合は国家総動員法に抵触するというもの。一九四二年三月七日から施行(『日本新聞会便覧』二二頁)

(14) 「記者登録制近く実施」ほか『日本新聞会々報』(一九四二年六月三日付一―三面)

(15) 同、『日本新聞会々報』

(16) 「記者規定第三条を一部修正」『日本新聞会々報』(一九四二年七月二三日付三面)

(17) さらに、この「国体観念」については、『日本新聞会要覧』(一九四二年七月)において「国体に関する観念を明徴にし記者の国家的使命を明確に把握し且常に品位を保持し公正廉直の者たること」に修正された。

(18) 「中央長期記者錬成要綱」「錬成実施方針」『日本新聞会々報』(一九四二年六月二四日付一面)

(19) 「記者の錬成に就いて　錬成課長　比佐友香」(『日本新聞会々報』一九四二年六月三日付二面)

(20) 「日本新聞会記者錬成所要綱」(同三面)

(21) 中途退所に関する規定としては「応召」、「徴用」と「近親者の事故」が想定されていた。「日本新聞会記者錬成所要綱」第十一項(『日本新聞会々報』一九四二年六月三日付三面)

(22) 中央長期錬成を伝える詳細な署名記事であるが本文、誤字の部分まで同一の記事が見出された。

＊「熱汗に築く新記者道　大自然の教示」百々和人『伊勢新聞』(一九四二年八月十日付二面)

＊「熱汗に築く新記者道　八ヶ岳に錬成する新聞記者」佐藤猪一『東奥日報』(同八月十一日付一面)

＊「逞しい農道進軍譜　熱汗に綴る錬成記録」丸尾健二『徳島新聞』(同八月十五日付三面など。記事本文は誤字も含めて同一で、執筆者が自社派遣記者名に変えられている。写真は同盟通信が撮影・配信したとみられ、『通信社史』(通信社史刊行会一九五八)に同カットの写真が用いられている。

(23) 「日本新聞会長期錬成日記」(『日本新聞会々報』連載七月二九日付三面〜八月二七日付三面)

(24) 記者錬成期間中、参加者は二小隊に分けられており、〝一小〟〝二小〟はそれぞれ、各小隊を指す。

(25) 坂井三郎、「八ケ岳錬成の思い出」『新聞研究』(日本新聞協会、一九六九年九月号)

(26) 村上喜彦「記者錬成日誌(其の七)」(『日本新聞会々報』一九四二年九月十六日付三面)

(27) 「本会の事業報告　錬成道場建設の件」(『日本新聞会々報』一九四二年十二月二六日付三面)

(28) 「錬成道場建設計画　府下国立附近に二万六千坪」『日本新聞会々報』一九四三年二月三日付一面)

(29) 同上

(30) 都市計画東京地方委員会が一九三九年に作成した『要部修正測図』「国分寺市」にはすでに当該民間施設が記入されている。その後、一九四五年一月に帝国陸軍が空撮した写真でも施設が確認できる。
(31)「新聞会の食糧増産　国立で錬成開墾作業」(『日本新聞報』一九四四年二月二九日付二面)
(32)「新聞会国立錬成道場に常会組織」(『日本新聞報』一九四四年十一月七日付一面)
(33)「罹災者、負傷者に　両健民修練所を開放」(『日本新聞報』一九四五年四月七日付三面)
(34)「錬成会所感」(『毎日新聞社報』一九四三年五月三〇日付六面)
(35)最終年度となった四四年度の事業報告は存在が確認できないため、『日本新聞会便覧』(日本新聞会、一九四四。発行は四五年五月)の報告数字と、『日本新聞報』の記事から算出した。
(36)「戦力増強に重点　全国新聞人の錬成　十九年度の計画成る」(『日本新聞報』一九四四年三月二日付一面)
(37)同「画期的十大事業」(『日本新聞報』一九四四年三月二日付一面)
(38)「錬成委員会の論議　錬成は如何にあるべきか」(『日本新聞報』一九四四年三月三〇日付三面)
(39)同上
(40)同上
(41)丸尾健二「日本新聞会長期錬成日記　第二期津田山修練道場」連載(『徳島新聞』一九四二年八月二一日付三面)
(42)「新聞会比佐錬成部長辞任」(『日本新聞報』一九四四年四月八日付一面)。辞任後は東京朝日新聞に論説委員に帰任した。
(43)「新聞人錬成の本義　新聞会錬成部長　神田孝一」(『日本新聞報』一九四四年六月二〇日付二面)神田は支那事変等の従軍記者経歴があるが、日本新聞会への助言を行っていた。
(44)「使命を一応完了　日本新聞会解散　事業は情報局が継承」(『日本新聞報』一九四五年二月六日付一面)
(45)「新聞公社(仮称)設立　今月中に実現せん」(『日本新聞報』同上)

《書評》

中川未来『明治日本の国粋主義思想とアジア』

片山慶隆

一　本書の内容

本書は、著者の中川未来氏がこれまでの研究成果をまとめた学術書である。すでに学会誌等に五本の書評が掲載されており、学界で注目されている著作と言えよう[1]。まずは目次を以下に示し、それから内容を紹介していきたい。

序　章　国粋主義研究の視角

第一部　国粋主義グループのアジア認識枠組み

第一章　「東方策士」稲垣満次郎の対外論と地域社会

――「東方論」の構造・伝播・変容――

第二章　志賀重昂と稲垣満次郎の南洋経験

――アジア主義におけるオーストラリア要因――

第三章　高橋健三の国粋主義と東アジア秩序構想

――人道・国際法・東亜同盟――

補論一　国粋主義と近代仏教

――アジア主義におけるインド要因――

第二部　アジア認識の形成とメディア

第四章　「東学党」報道と陸羯南

――日清開戦直前のジャーナリズム――

第五章　内藤湖南の台湾経験

――帝国主義状況下の国粋主義――

補論二　植民地統治初期の台湾とメディア

――『台湾新報』と『台湾日報』について――

終　章　明治日本の国粋主義思想とアジア

序章は、一八九一年七月の東邦協会創立祝賀会の様子から始まる。本書では、アジア認識の形成を促した東邦協会を重視し、中核的メンバーとして議論を主導した国粋主義グループが分析される。国粋主義グループとは、新聞『日本』や『大阪朝日新聞』などに集った言論人たちのネットワークを指す。本書の主役は、稲垣満次郎、志賀重昂、高橋健三、陸羯南、内藤湖南の五人である。

著者が東邦協会に注目したのは、アジア経験をともにする「場」として機能していたからである。ここでは、アジア地域を訪れた直接的な体験に限らず、その体験が講演や機関誌などを媒介として第三者に伝達・受容される過程も含む、広い意味でアジア経験という用語が用いられている。

そして、本書が対象にするのは一八九〇年代である。この時期、アジア地域への渡航人数と渡航先が増加・拡大し、東邦協会のアジア情報提供は同地域に渡航する者たちの要求にも応えるものだったからである。また、著者によれば、一八九〇年代は「一八八〇年代と一九〇〇年代の豊富な業績の間にある、いわば研究史上の狭間期」（一五頁）であった。本書では、国粋主義グループの実証研究が深化する一方で、全体構造が捉えにくくなった研究状況を踏まえ、彼らによるアジア認識・対外観の全体構造を解明することが目指される。

本書の課題は、以下の三点である。①世界各地域の国民・民族の文化的多様性を承認し、それぞれに独自の「国粋」を保持発達させることが世界文明への寄与に繋がるという国粋主義の発想を検討すること。②日本を中心にアジアないし東洋を結集し、西欧国際体系に対抗するという地域秩序構想の成り立ちを考察すること。③アジア認識をかたちづくる際に参照される情報がどのような過程を経て主体に辿りつくのかを、新聞メディアの働きを通じて明らかにすることである。①は全体に関わり、②が第一部、③が第二部に対応する形で本書は構成されている。

第一部の第一章では、東邦協会で評議員や幹事長を務めるなど中心的役割を担ってきた稲垣満次郎の思想が論じられる。稲垣は、国民統一の基礎は経済力であり、そこではコミュニケーション手段の果たす役割が大きいと考えていた。そして、この視点は対外論でも貫かれていた。世界経済の中心点がアメリカに移動しつつあると考えた稲垣は、「世界中最大商業国」であるアメリカと中国が結ばれるならば、東洋の商工業は非常に繁昌するだろうと予想していた。[2] 稲垣は、世界交通網の「括り目」で貿易立国を目指す日本は、特定の国との同盟関係は望ましくなく、全方位外交を目指すべきだと提言したのである。

さらに稲垣は、全国各地への講演活動によって自らの思想の普及にも努めた。彼の対外論である「東方論」は、国民の経済力向上のためには全国の商工業育成や貿易振興が必要だと考えていたため、京都や宮津の地域振興を試みる人々から支持された。だが稲垣は、京都での在来産業の近代化と大量生産は文化的固有性を喪失するとして反対し、宮津と他地域との地域間競争は国民統一を阻むものとして批判した。ただし、稲垣の思想に影響を受けて一八九三年にウラジオストクとの貿易が許可された宮津は、日常的に海外情報に接するようになり、朝鮮の防穀令に対して強硬な姿勢を見せ、日清開戦の際には戦争支持を打ち出した。著者は、結果的に稲垣の「東方論」は、「対外硬運動の地域的拡がりを下支えし、日清戦争を支持する草の根の対外硬意識を喚起した」（七四頁）と結論づけている。

第二章では、志賀重昂と稲垣のアジア認識に南洋経験、特にオーストラリア滞在が持った意味を検討している。志賀は、一八八六年にオセアニアや太平洋の島々を巡航した。帰国後、彼は日本製品の信用維持という観点から、手工業品など確実な資本による直輸出によってオーストラリア市場への進出を主張した。さらに重要なのは、オセアニア地域の各イギリス植民地が連合するオーストラリア連邦運動の動きが、志賀の国家観に影響を与えたことである。彼は、連邦運動を「民族独立」を志向する運動として理解し、国粋主義の有効性を証明する実例として解釈した。また、著者は、ヨーロッパに対抗する地域共同体の形成を促すアジア主義に注目する発想がここから生まれたとしている。

一方、稲垣は一八九二年から一八九三年にかけて、オセアニアや東南アジア、台湾、香港を巡航した。彼は、商工貿易立国を目指す立場から、軽工業品の輸出市場としてオーストラリアを含む「南洋諸島」に注目した。稲垣の構想は、中継貿易による商圏開発とアジア域内貿易への参入に力点があった。彼は、戦争をせずに中国の市場を開けるのは日本だけであると考え、中国を中心とする交易圏への接続を強く意識していた。また、著者は、ドイツやフランスの太平洋進出、アジア系移民の増加に対する危機感から唱えられていた豪州モンロー主義に、稲垣が影響を受けていたと推測する。稲垣は、「亜細亜州殊に太平洋」でモンロー主義を適用し、イギリスをはじめとするヨーロッパ列強の干渉を排しつつ、南太平洋でモンロー主義をとるオーストラリアとの通商関係を強化し、中国および南洋商圏への通路を確保するという構想を抱くようになった。近代日本における対外観の画期は、一八八〇年代前半と一九〇〇年前後に置かれてきたが、一八九〇年前後という早い時期から国粋主義グループは日本を中心とした地域秩序の形成可能性に目を向けていたのである。

第三章では、「国粋主義グループの中核的存在」（一三四頁）だった高橋健三の思想を検証している。高橋は大学南校・東京大学法学部で法学を専攻したが、社会秩序を維持するための規範としては、法律よりも道徳や教育によって涵養される「徳義」を重視した。また、自由な経済活動の根源にある「利欲」に不信感を表し、「利欲」が支配する西洋社会を批判していた。そのため、西洋近代の摂取はヨーロッパ列強との対峙に必要な技術的「手段」にとどめ、固有の倫理道徳は「心」「精神」として保持することを「立国論」として提唱した。高橋は儒教的倫理に基づいた社会秩序を重視したので、中国を道徳倫理の源流として高く評価していた。著者によれば、これは、中国の文化的側面を称揚する視点のない羯南との大きな相違点である。

また、高橋は、西欧国際体系の圧力に抗して自立的な地域秩序の形成可能性を模索していた。著者は、特に高橋の国際法理解に注目する。高橋は、明文法である条約は国の強弱によって不平等なかたちで締結されることもあるので、国際慣習など不文法こそが「公法の標準」として相応しいと考えていた。現実には国力の強弱によって国際法の適用には不平等が生じているが、それには常に「人道の条理」（自然法）による矯正が試みられなくてはならないと主張した。東邦協会では、稲垣や国際法学者の高橋作衛も、「基督教国の公法」という現在の国際法の性格を矯正することが「実に吾日本帝国の任」と認識されていた（一六一頁）。そして高橋の場合、国際法の可塑性に対する認識は、東亜同盟構想と連関していた。

高橋の東亜同盟構想は、一八九三年五月の防穀令事件決着直前に初めて登場した。[3]欧米列強に対抗するために「東亜諸国」が相互に扶助し独立を保つ必要があるが、そのためには日本と中国が朝鮮を「啓導」しなくてはならないと、日清協調を前提とした朝鮮共同改革論を提起した。さらに一八九四年の日清戦争時には、清朝という「夷狄の支那」を打倒し、「文化の支那」を回復することで「東洋の文運」を進め、「世界の人道」に寄与するという論理で戦争を正当化した。そして、日本・中国・朝鮮が西欧に対抗する戦後秩序構想が示される。「私利」を念頭に置かない朝鮮「独立」扶助という日本の行動が示すように、倫理道徳的規範に基づく東アジア地域秩序の構築こそ、高橋の東亜同盟構想が目指したものであった。

補論一は、一八九〇年前後の国粋主義グループと仏教運動の間にいかなる接点があったのか、そこからどのようなアジア認識が生まれたのかの二点を検討している。

著者によれば、政教社同人は、東京大学を中心とする人的交流で仏教者との関係を深めた。また、仏教者によるアジア経験によって、インドにおける仏教凋落が確認され、天竺・震旦・本朝という従来の三国観に収まらないシャム・ラオス・カンボジア・安南といった仏教国の存在が視野に入ってくることになった。このような仏教者からのアジア情報は、国粋主義グループにも影響を与えた。彼らはアジア地域の多様性を認めざるを得なくなり、それゆえにこそ普遍的「仏教」といった何らかの統合機軸の必要性を痛感したのである。

第二部の第四章では、日清戦争直前の「東学党」報道が分析される。本章が特に注目するのは、陸羯南である。なぜなら、羯南の「東学党」評価は、朝鮮における民衆運動に直接言及した数少ない発言であり、国粋主義のアジア認識を具体的に研究する上で看過することができないからである。そこで本章では、ジャーナリズムが提供した「東学党」イメージの形成と展開の過程を分析し、農民戦争報道から開戦論にいたるジャーナリズムの論調の中に羯南の議論を布置し直すことが具体的な課題とされる。

日本のジャーナリズムが初めて「東学党」の存在に注目したのは、一八九三年であった。著者は、『大阪朝日新聞』を事例にして、「東学党」＝革命党認識が成立し、これが朝鮮通信員の情報に依拠していたことを明らかにしている。日清戦争前の農民戦争報道も同様に、多くを仁川・釜山の居留地メディアや国内メディアの朝鮮通信員に依拠していた。そして、居留地メディアや通信員として朝鮮報道に関与していたのが、朝鮮に流入した政治志向の青年である「朝鮮浪人」であり、彼らの思い入れが「東学党」＝革命党イメージの形成に貢献したのである。

著者は、日清開戦直前のジャーナリズムが、当初から開戦論で貫かれていたわけではないことを強調する。例えば、自由党の機関紙『自由新聞』は、「革新の義兵」である農民軍の要求を日本が代弁するという名目で、朝鮮に内政改革を要求していた。武力行使を辞さないという論調を明確に打ち出したのは、六月下旬の論説からである。また、やはり「東学党」を「義兵」と評価していた羯南は、清国の行動を拘束するために局外中立を提案し、日本の軍事外交的行動のフリーハンドを確保しようとしていた。それゆえ、日清開戦の決定過程におけるジャーナリズムの役割を評価する際には、一定の留保が必要であると著者は述べている。

第五章は、一八九七年四月から一年間、現地紙『台湾日報』主筆を務めた内藤湖南に焦点を当て、彼の中国観が形成される過程で台湾経験が果たした役割を考察している。台湾に在住したといっても、湖南の日常生活は日本人街を中心に営まれており、台湾人との直接の交流は限られていた。しかも、台湾人記者の教養のなさを酷評するなど、わずかな接触による湖南の台湾人評価は低かった。

湖南は台湾統治のため、「同化」政策を唱えた。具体的には、「模範行政区」の拡大と屯田兵の組織・配置、下級行政での住民自治組織の効率的活用、つまり、非常に漸進的な「内地化」を主張していた。また、日本から台湾への人口移動を文明化の手段として明確に意識していたことも、湖南の特徴であった。

そして湖南は、台湾経験を参照することで、民間自治団体の活用や「模範行政区」の漸進的拡張による社会改良といった具体的な中国改革を論じることができた。さらに著者が重要だと考えるのが、台湾経験と中国観形成の関係である。湖南は台湾渡航以前、「開花せる国民」と中国人を評価していた。だが、帰国後、中国人は腐敗堕落しており、特に労働者階級は「不潔と罪悪」に満ちた「堕落民種」だと、否定的イメージを打ち出すようになった。この発言は、中国視察に赴く直前になされているため、著者は、台湾で湖南が感じた違和感、風俗改良論を論じた経験が介在していることは明らかだという。

補論二では、台湾で日本人が発行した『台湾新報』と『台湾日報』が比較されつつ検討される。まず台湾総督府が両紙に期待した機能だが、総督府が『台湾新報』を後援したのは、施政方針の普及貫徹という対内的要因が強く働いたからである。一方、『台湾日報』には、欧米諸国への情報発信という対外的要因を重視し、保護することを決定した。

ただし、両紙の総督府への姿勢は対照的であった。『台湾新報』は総督府の施政方針に同調し、総督府の立場から政策を説明・擁護した。だが、『台湾日報』は、在台湾民間日本人や下級官吏の立場から政策当局の統治方針に対抗するようになった。結局、総督府からの規制が強まった『台湾日報』は、『台湾新報』に吸収合併されることになる。

両紙は、台湾人をどう位置づけるかでも、意見が鮮明に分かれていた。『台湾新報』は、台湾人を主要政策対象として、風俗習慣には当面手を着けず、イギリスのインド支配のような「植民地」型の支配（差別化・差異化）を主張していた。だが、『台湾日報』は、日本人を政策対象の中心に据えた施政を要求し、断髪や和服の着用強制など急進的な風俗改良を主張するなど、将来的な憲法施行も含めた「同化」（平等化・同一化）方針を求めた。

終章では、本書の内容がまとめられた上で、結論が示される。著者は、私利に対する懐疑・批判と対外進出の主張とがわかちがたく結びついていたのが、国粋主義のアジア認識の基底的な構造の一つであったことを強調する。

また、本書が光を当てた東邦協会は、一九一〇年代を待たずして、すでに一八九〇年代末にはアジア経験を共有する場としての役割を縮小しつつあった。日清戦後のアジア経験の増大が、必然的に対外問題研究団体の専門分化を促進したからである。代わって登場したのが近衛篤麿率いる東亜同文会であり、羯南や湖南といった本書の主役たちも同会で重要な役割を果たすことになったのである。

二 本書の意義

本書の内容を踏まえた上で、以下、意義を三点にまとめたい。

第一に、従来の研究でほとんど注目されてこなかった史料を効果的に用いることで、登場人物たちの人生と思想を浮かび上がらせていることである。

例えば、第一章と第二章で検討された稲垣満次郎の個人文書は、先行研究では頴原善徳氏が松方正義宛書簡を使用するにとどまっていた(4)。稲垣の叔父である本沢五郎宛の書簡を活用するなど、書簡史料でこれまで明らかにされていなかった稲垣の思惑を実証的に跡づけたことは、本書の功績である。

また、第三章も意義深い。この章では、ほとんど研究されてこなかった高橋健三の生涯と思想を、『大阪朝日新聞』執筆論説や彼が主宰した政論誌『二十六世紀』など、さまざまな史料で実証的に論じている。ただ史料を紹介しているだけでなく、羯南や志賀との相違を示しつつ、高橋の思想の特徴を明らかにしていることは、本書の大きな貢献である。

内藤湖南が主役となった第五章でも、全集に収録されていない台湾時代の論説や書簡を活用している。これらの個人文書によって湖南の足跡を明らかにしている点は、学界でも高く評価されるであろう。

第二に、さまざまな史料を用いて、当時のオーストラリア認識を明らかにしていることである(第二章)。特に志賀の国家観に与えたオーストラリア要因を浮き彫りにしていることは、斬新な視角である。また、一八七〇年代から八〇年代にかけての地理書を通じて南洋に関する知識は意外なほど提供されており、志賀がわずかだと述べた間違いを指摘していることは(九一頁)、外国認識を研究する際に知識人の書かれたものだけに依拠する危険性を示唆してもいよう。

第二章では、志賀と稲垣とを比較することによって、同じ経験でも異なる受け取り方をしていた対比が興味深い。志賀は中国人排斥運動を知っていても、文明化した日本人は人種差別の対象にならないと楽観視していた。一方、日本人移民排斥を実見した稲垣は、契約労働者による移民だと日本人は南洋から追い出されるだろうと警告していた。

これは、六年の時差によって状況が変化したからかもしれないが、いずれにせよ、面白い対比である。

第三に、メディア史研究としての意義である。第四章では、日清戦争前の農民戦争報道が、多くを居留地メディアや通信員の情報に依拠していたことを実証的に論じているが、著者の分析は非常に説得的である。情報の流れを追う研究は評者も試みているので、[5] 著者の手法には深く共感した。だが、それゆえに研究の困難さも肌で知っているので、実に多くのメディア史料を用いて独自性のある結論を導いた著者の研究姿勢には頭が下がる思いである。

また、『台湾新報』『台湾日報』を扱った補論二も重要である。両紙の創刊過程を個人文書、行政文書などを用いながら実証的に詳述し、両紙を比較することで紙面の特徴を論じている。これまで充分には検証されてこなかった植民地初期における日本語メディアの性格を明らかにしたことは、メディア史研究として大きな意義があると高く評価できよう。

三　本書への疑問点

さて、本書は研究史上、いくつもの意義を持つ学術書である。だが、疑問を抱いた点や著者の主張に首肯できない点も少なからず見受けられた。以下に、本書への疑問点を述べていく。

（一）研究対象の妥当性

（1）なぜこの五人なのか

本書を読みながら、まず感じた大きな疑問は、研究対象の妥当性である。

そもそも、なぜ稲垣満次郎、志賀重昂、高橋健三、陸羯南、内藤湖南の五人を取り上げたのであろうか。稲垣は東邦協会の「理論的指導者格」（一二三頁）、高橋は「無名の幹事長」として同会の活動をリードしたと（一二四頁）、彼らが重要な人物であることは記されている。しかし、この五人が分析対象として適切な理由は、本書では一切説明されていない。特に疑問だったのは、創立に深く関わっただけでなく、フィリピンに渡航したことがある福本日南や、幹部でオセアニア経験がある三宅雪嶺が検討対象になっていないことである。日南は「バイ＝プレーヤーの復権」という文脈で触れられている（一二〇、三三二頁）。だが、羯南と同い年で、東邦協会創立の中心メンバーである日南を「脇役（バイ＝プレーヤー）」扱いするのは理解に苦しむ。ともにアジア経験のある二人を外して、一九〇〇年代までアジアを訪れたことのなかった羯南を入れた意図が、評者には全くわからなかった。

また、第四章で羯南の率いた『日本』は多くのメディアの一つとして扱われているだけで、必ずしも彼の言動が深く分析されているわけではない。本書では、日南や雪嶺のように当然取り上げられるべき重要な人物が検討対象とならず、羯南ですら深く分析されていない。そのため、東邦協会を軸にして国粋主義グループに共通するアジア認識・対外観の全体構造を捉えるという本書の目的が達成されているかは甚だ疑問である。結局、東邦協会とはどんな団体だったのか、今ひとつよくわからなかったというのが率直な感想である。

さらに言えば、第五章と補論の位置づけは特に不明確である。補論一では、政教社同人としての仏教者の思想が取り上げられているが、東邦協会との関わりは記されていない。補論二も東邦協会との関係には全く触れられていない。補論二は『台湾日報』主筆であった内藤湖南の周辺情報を補う意味合いがあるのだろうが、そもそも東邦協会創立時の会員でもなく、台湾から帰国後は協会との関わりが稀薄な湖南をなぜ本書で取り上げるのだろうか。序章で東邦協会に光を当ててはいるものの、本書の構成は必ずしも同協会を分析の主軸にはしていない。それが、各章、特に第五章と二つの補論の位置づけを曖昧なものにしていると言わざるを得ない。

（2）対象地域と時期のズレ

東邦協会を軸にして国粋主義グループに共通するアジア認識・対外観の全体構造を捉えることが、本書の目的である。

だが、各章で検討している地域はほとんど重ならない。稲垣を扱った第一章は全体に関わるかもしれないが、第二章はオーストラリア、第三章は中国、補論一はインド、第四章は朝鮮、第五章と補論二は台湾と、各章で主に扱っている国や地域はバラバラである。また、対象時期も微妙に異なっている。著者は、「全体として緩やかな時系列に沿いつつ」（二二頁）本書を叙述しているが、各章で主役と舞台が変わっているので、これで国粋主義グループによる対外観の全体像や国際秩序構想が明らかに出来るのか大いに疑問である。もし本当に全体像を描きたいのであれば、稲垣だけでなく、志賀、高橋、羯南、湖南の国際秩序構想やアジア認識も示すべきであった。各章で明らかにされる事実やエピソードは興味深いだけに、著者の目的に沿うように本書が構成されていないのが大変残念である。

（3）分析対象の選択基準が不明確

本書では、分析対象を選んだ基準が示されていないことが多い。そのため、著者が分析した事例が適切なのかどうかが非常に不明確である。

例えば、第一章では、稲垣の影響を受けた地域として京都と宮津が検討されている。稲垣の思想が何を契機にどのように変化したのかに着眼したのは、著者の功績である。

だが、なぜこの二つの地域を選んだのかの説明が全くない。それゆえ、稲垣が京都と宮津の状況を見て考えを変えたのか、他にも同様に見られた多くの例のうちの二つに過ぎないのか、位置づけが全くわからないのが惜しまれる。

また、第四章第三節一では、何の理由も示さず、『自由新聞』のみが分析対象として取り上げられている。『日本』は次小節で論じられているが、同様の論調だった『毎日新聞』『中央新聞』は検討されていない。あるいは、同章では一一の新聞と『東京経済雑誌』を史料として扱うと記しているが、『二六新報』の引用は、本論の叙述とはほぼ無関係な一ヵ所だけである（二三八頁六行目・二四七頁註五八）。だが、『二六新報』は出兵決定と同時に本間九介を朝鮮に特派員として送っただけでなく、社長の秋山定輔自身が特派員となり、鈴木力を含めて三名も派遣するほど朝鮮情勢の報道に力を入れていた新聞である。朝鮮の農民軍との接触工作を試みたことと合わせて、もっと重視して分析すべきではなかっただろうか。

（二）稲垣の国際秩序構想について

前述したように、本書では国粋主義グループによる対外観の全体像が描けているとは言い難い。その中で、第一章と第二章で分析されている稲垣だけは、国際秩序構想が示されている。ただし、稲垣の構想の中での中国の位置づけが曖昧であり、叙述に矛盾があるので、以下に指摘したい。

稲垣は、戦争をせずに中国の市場を開けるのは日本だけであるという認識から、同国を中心とする交易圏への接続を強く意識していたとされている（第二章・一一五頁）。ところが、第一章では「アジアの商業の中心」を目指す上で「強敵」となる中国の存在を確認し、日清開戦直前には対外硬派の立場から戦争を待望するに至ったと述べている（七二頁）。第二章の結論に書いている日本の南洋商圏への進出と中国へのライバル視、北太平洋地域での日本のモンロー主義の相互関係も不明確である。一八九三年における稲垣の構想を分析する際は、『南洋長征談』と「南洋之実勢」という同じ史料が使用されているにもかかわらず、なぜこのような矛盾が生じるのだろうか。

また、やはり第二章の末尾に記されている台湾占有論との関係が不明である。『南洋長征談』では、「南洋と香港を結ぶ航路を切断しイギリスの勢力を東洋から排除するためにも、台湾の占領が示唆される」（一二二頁）という。だが、中国との対立が避けえない台湾占領論と稲垣の構想とは、どのような関係にあるのだろうか。日清戦争に際して国粋主義グループが台湾の占領をいち早く主張する背景として指摘するだけでなく、中国をどのように位置づけていたかを論じないと、稲垣の国際秩序構想を分析したことにならない。さらに第三章でも、日豪が南北太平洋をそれぞれ勢力圏として、イギリスの容喙を排除した地域秩序を樹立するために、日本が新たな海上法の条款を積極的に創出して列国を従わせるとしているが（一六〇頁）、これが中国との共存とどう結びつくのかがわからない（根拠となる史料は、『東方策結論草案　上』と「南洋之実勢」）。

これまで指摘したことは、日清戦争や中国を正面から分析していないことから生じる問題点である。もし著者に、稲垣の構想の中で中国はどのように位置づけられるのかを描く意欲があれば、稲垣の構想に矛盾があったのか、それとも稲垣には整合性のある論理があったのかが明らかになっただろう。しかし、中国の位置づけが描かれていないために、稲垣の構想自体に矛盾があるのか、もしそうなら、それはなぜなのか、あるいは、稲垣の構想ではなく著者の分析に矛盾があるのかが、不明確になってしまっている。

（三）研究史の理解に関する疑問

（1）序章の研究史整理について

本書で示された研究史の整理やそれに基づく課題設定は、混乱しており、大いに疑問がある。著者は、本書が対象とする一八九〇年代は「日清・日朝間の外交関係が相対的な安定期にあった」（一五頁）というが、この安定期は、天津条約（一八八五年）から日清開戦（一八九四年）までとされ、一八九〇年代前半しか当てはまらない。当然、日清戦争期の対外観には、大谷正氏や金山泰志氏をはじめとする豊富な研究蓄積がある。[6] 特に大谷氏は、実際に中国・朝鮮・台湾を経験した人々の意識を実証的に分析しており、重要な先行研究であるが、本書では参照されていない。著者は、「アジア地域における国際紛争の有無を判断基準にするのではなく、人びとのアジア経験が増大しつつあったという事実に注目する」[7]（一五頁）という。だが、金山氏も指摘しているように、戦争がアジア経験をした人々を増加させた面があることを、どのように考えるのであろうか。しかも、本書で日清戦争のインパクトが過小評価されているのかといえば、必ずしもそうではない。中国人の流入が港湾労働者の生活に関わる切実な危機として認識された例は一八九〇年代末の神戸が挙げられており、研究史の整理と矛盾している。

さらに不可解なのは、序章の研究史整理や課題設定では日清戦争以後に触れていないにもかかわらず、本論では第三章と第四章で日清戦争を論じ、第五章では日清戦後も扱っていることである。日清戦争期も扱うのであれば、序章でこの時期の対外観の先行研究も丹念に整理すべきだったのではないだろうか。

あるいは、一八八五年から一八九四年までの対外観研究に限ってみても、著者による「研究史上の狭間期」という捉え方の妥当性は疑問である。例えば、真辺美佐氏による末広鉄腸研究は、末広にアジア経験があるだけに無視しえない。[8]真辺氏の研究は、七五頁の注八で触れられているが、本論とどう関連するかを論じるべきであった。国粋主義グループではなくても、当該期にアジア経験をした知識人との比較は必要だったのではないだろうか。

以上に指摘したことを踏まえると、そもそも一八九〇年代というまとめ方が妥当だったのだろうかとの疑問が生じる。著者は、近代日本における対外観の画期は、一八八〇年代前半と一九〇〇年前後に置かれてきたという。だが、前述したように、日清戦争が対外観に与えた影響については多くの研究があるので、これを度外視した研究史の把握には違和感が拭えなかった。

（2）陸羯南に関する先行研究理解について

著者の「健康なナショナリズム」論をめぐる研究史の把握も、首肯し難い。羯南と政教社の主張をまとめて「〈健康なナショナリズム〉として把握する丸山眞男以来主流であった国粋主義研究の見直し」（一七頁）というが、このような捉え方は正しいだろうか。羯南研究も、「『国民主義』の評価、具体的にはナショナリズムの構造分析に集中しがちであった」（同頁）というが、全くの事実誤認である。すでに評者が研究史を整理した論文で指摘したように、[9]羯南に関しては対外論に特化した膨大な先行研究が存在する。

ほかにも、先行研究理解には、多くの誤りが含まれている。いくつか例を挙げよう。第三章では、松本三之介氏と山辺春彦氏の研究を注記して、社会に国家や政治よりも基底的な価値を与える考え方は高橋だけでなく羯南にも見出されるとする。[10]その上で、「陸と比較した場合の高橋の特徴は、情誼的秩序としての社会観が対外観にも大きく作用した点にある」（一四七頁）ことを独自の見解として提示している。

しかし、この先行研究理解は誤っている。松本氏は、独自の文化を持つ朝鮮に対して、羯南が日本の法律・政治制度を押し付けることを諫めたのは、国家よりも社会を基底的なものと考えていたからだと主張している。一方、山辺氏は、中国の社会には自治はあるが国家は不要とされたことが、中国の主権の制限や租借、勢力圏設定を正当化したと指摘している。つまり、松本氏と山辺氏は、ともに羯南の社会観が対外観に影響を与えたことは認めている。もちろん、高橋の思想を実証的に明らかにした点は著者の功績だが、高橋と羯南の相違点を強調しようとするあまり、先行研究の理解が歪んでしまっている。

　また、第四章の先行研究理解も誤っている。近年の研究動向では、日清戦争を契機として羯南の対外論がアジアへの侵略性を強めたとの見方が有力になったというが（二一三頁）、これは一九七〇年代からある見解である。典拠となっている二四二頁註三を見ても、朴羊信氏への批判と評者の研究整理論文への言及しかなく、何を根拠に述べているのか不明である。

（四）論理の飛躍

　本書では、基本的に丁寧な実証が積み重ねられている。しかし、各章の結論では、論理の飛躍が見受けられる。

　例えば、第一章である。同章で稲垣の国際秩序構想を分析したことは評価できる。ただ、貿易振興策が海外情報に接する機会を増やし、それが対外硬意識を喚起したという結論は、あまりに強引である。稲垣の影響は貿易面に限定されているのに、それが戦争支持に結びついたというのなら、貿易振興論は全て戦争支持になってしまうのではないだろうか。また、宮津以外の地域も検討せず、ただ一例でここまで言い切ってしまうのは、論理の飛躍である。

　また、高橋健三を扱った第三章も同様である。本章は、これまでほとんど検討されてこなかった高橋の思想と生涯を明らかにした点で評価できることは、前述した通りである。だが、結論で浮田和民の「倫理的帝国主義」や西村天囚の中国論を、高橋ら国粋主義グループのアジア認識枠組みとの思想的連続性で論じているのは、史料に基づく論証がなく、やや軽率ではないだろうか。

　第一章、第三章ともに本論は概ね手堅い叙述なだけに、結論で論理の飛躍が見られたのは残念である。

（五）アジア経験共有の場としての東邦協会？

　すでに有山輝雄氏が指摘しているように、本書では「アジア体験」概念の形成について、充分に検討が行なわれていない。[11] また、「一人の思想家の海外体験が東邦協会という場に参集したメンバーによって間接的に追体験され、（中略）それが契機となって新たな思想が展開する」という「立体的描写」は第一章のみで、第二章から終章までは、東邦協会という場で「思想が醸成される過程を追跡しようという著者の構えはほとんど確認できなくなる」という鈴木啓孝氏の批判に(12)、評者も同感である。

本書では、アジア経験を共有する場としての東邦協会の意義が曖昧である。終章で、著者は「東邦協会の時代は、幕を閉じつつあった」(三二四頁)と記している。だが、前述したように、本書は必ずしも東邦協会を分析の主軸には置いていない。そのため、「東邦協会の時代」と呼べるものが本当に存在したのか、最後まで納得のいく答えは得られなかった。

これも鈴木氏が指摘していることだが、本書では国粋主義グループによる発想や構想の共有の側面に関心が集中しており、変遷や展開、あるいは齟齬への着目が弱い(13)。評者も、国粋主義グループメンバー間での対立の側面が軽視されているとの印象を持った。著者は、東邦協会が一八九八年に結成された東亜同文会への合同を拒否したことを、「政治的思惑はともかく、稲垣は東邦協会の性格を研究専門団体へとシフトすることで生き残りを図ったといえよう」(三二三頁)と記している。しかし、どちらかといえば研究を重視していた稲垣と、朝鮮でのクーデターを契機として日清開戦に持ち込もうとした計画に関与した日南や羯南、あるいは政治活動に従事していた高橋では、もともと考え方が異なっていたのではないだろうか。東邦協会のメンバー間ではどのような意見の相違や路線対立があったのかは、もっと検討されて然るべきだったのではないだろうか。

四　おわりに

以上、疑問点や問題点を少なからず指摘したが、本書が国粋主義グループの対外認識について学問的意義を有する野心作であることは疑いない。本書がさらに多くの読者を得ることで、国粋主義思想や対外認識に関する研究が進展することを願ってやまない。

中川未来　明治日本の国粋主義思想とアジア
(吉川弘文館、二〇一六年二月、一一〇〇〇円+税)

註

(1) 鈴木啓孝「書評　中川未来著『明治日本の国粋主義思想とアジア』」(『日本思想史学』第四八号、二〇一六年九月)、中野目徹「書評　中川未来著『明治日本の国粋主義思想とアジア』」(『史林』第九九巻第五号、二〇一六年九月)、金山泰志「書評　中川未来著『明治日本の国粋主義思想とアジア』」(『日本史研究』第六五一号、二〇一六年一一月)、有山輝雄「書評と紹介　中川未来著『明治日本の国粋主義思想とアジア』」(『日本歴史』第八二六号、二〇一七年三月)、山田伸吾「書評　『内藤湖南と台湾』を巡る問題点（その1）中川未来氏の『明治日本の国粋主義思想とアジア』を論評する」（河合文化教育研究所『研究論集』第一三号、二〇一七年三月）。

（2）当時、中国大陸を支配していたのは大清帝国（清国）であるが、著者が本書の大半で中国と記していることに従い、本稿では中国と表記する。

（3）防穀令事件は、一八八九年に朝鮮の咸鏡道観察使趙秉式が道内で穀類搬出規制（防穀令）を施行し、元山からの大豆輸出禁止を通告したことで始まった。日本の抗議によって防穀令や大豆の輸出禁止は解除されたが、日本が一八九一年に賠償請求を行なったことで外交問題化した。結局、一八九三年五月一九日に、朝鮮政府が日本政府に賠償支払いを受諾したことで決着した。

（4）顯原善徳「稲垣満次郎論―明治日本と太平洋・アメリカ―」（『ヒストリア』第一六〇号、一九九八年六月）。

（5）一例として、片山慶隆「ハーグ密使事件と日本の新聞報道：『事件』発生から第三次日韓協約締結まで」（『マス・コミュニケーション研究』第八六号、二〇一五年一月）。

（6）大谷正『兵士と軍夫の日清戦争　戦場からの手紙をよむ』（有志舎、二〇〇六年）、大谷正「ある軍医の日清戦争体験と対清国観―渡辺重綱『征清紀行』を読む」（『専修法学論集』第九六号、二〇〇六年三月）、金山泰志『明治期日本における民衆の中国観―教科書・雑誌・地方新聞・講談・演劇に注目して―』（芙蓉書房出版、二〇一四年）第二章。

（7）金山、前掲書評、六二頁。

（8）真辺美佐『末広鉄腸研究』（梓出版社、二〇〇六年）第六章。

（9）片山慶隆「陸羯南研究の現状と課題―対外論・立憲主義・ナショナリズム―」（『一橋法学』第六巻第一号、二〇〇七年三月）。

（10）松本三之介『明治思想における伝統と近代』（東京大学出版会、一九九六年）第八章「陸羯南における『国家』と『社会』」、山辺春彦「陸羯南の交際論と政治像（上）（下）」（『東京都立大学法学会雑誌』第四三巻第二号・第四四巻第一号、二〇〇三年一月・七月）。中川氏が注記しているのは、山辺論文の（上）だけだが、後述する先行研究理解は（下）にも関わる。

（11）有山、前掲書評、一〇七頁。

（12）鈴木、前掲書評、二二三頁。

（13）同右。

《書評》

村上聖一『戦後日本の放送規制』

井川充雄

一　本書の内容

本書は、著者が、二〇一五年度に政策研究大学院大学に提出した博士論文に、加筆・修正を加えたものであり、表題のテーマに体系的にアプローチした重厚な研究である。

目次は以下の通りである。

第1章　課題と視角
第2章　放送規制の概要
第3章　戦後の放送制度の形成と展開
第4章　放送規制と資本・経営構造の関係
第5章　放送規制と番組の関係
第6章　公式な経路を経ずに及んだ影響
第7章　多メディア化と放送規制の変容
第8章　結論と含意

本書は、戦後日本の放送規制は、放送事業者や放送番組にどのような影響を及ぼしたかについて、主として地上波テレビ放送を対象として、制度の変遷を踏まえつつ、実証的に検証を行ったものである。以下、章ごとに簡単に内容を紹介したい。

まず、第1章「課題と視角」では、問題の所在と基本概念、先行研究と分析方法が説明される。ここでは、戦後日本における放送規制の変化と、具体的な規制の効果について検証することが研究の目的として提示される。そして、放送に関する規制が、基本的に番組内容に関する「内容規制」（政治的公平や報道の真実性を求める番組準則などに代表される放送内容の適正化を図ることをねらいとした規制）と、放送主体の経営や資本構造に関する「構造規制」（放送事業者の資本・経営構造への規制を通じて、放送の「多様性」を確保しようとする規制）の二つの種類があることが説明される。

第2章「放送規制の概要」は、「日本の放送事情」、「放送規制の現状」、「放送制度形成の概要」の三節からなる。NHKと民放の併存、民放ネットワークの存在といった日本の放送の特徴を述べた上で、放送準則や番組基準といった内容規制、およびマスメディア集中排除原則や外資規制といった構造規制について概観する。その上で、内容規制と構造規制の二つからなる放送規制の変遷過程が説明される。

第3章「戦後の放送制度の形成と展開」は、より具体的に戦後日本の放送規制の歴史的な変遷が説明される。ここでは、内容規制の形成（占領期）、規制・監督機関の成立（占領期〜一九五〇年代）、構造規制の形成（一九五〇〜一九六〇年代）、自主規制の枠組みの成立（一九六〇〜一九七〇年代）、放送制度見直しに向けた動き（一九七〇〜一九八〇年代）、そして多メディア化と制度改革（一九九〇年代以降）という六つの時期区分が用いられている。

ここまでが準備作業とすれば、次からは、本書のテーマである放送規制についての分析や検討がなされる。まず、第4章「放送規制と資本・経営構造の関係」では、構造規制についての分析が行われる。それによれば、一九六〇年代から一九九〇年代前半にかけて規制の実質的内容は変化せず、またローカル局の開局が進んだにも関わらず放送事業者の系列化（民放のネットワーク化）の進展により、放送事業者の「多元性・多様性・地域性」の確保という面で、十分な効果をもたらしていないとする。

つづく第5章「放送規制と番組の関係」では、まず自社制作比率のデータやネットワークが番組編成に与える影響を見た上で、郵政省・総務省による行政指導や、免許時の審査の効果について、多くの事例を用いて検討する。ここでも、規制当局による内容上の規制は抑制的であり、その影響力には一定の限度があったという。

一方、第6章「公式な経路を経ずに及んだ影響」は、こうした公式な規制とは別に、政権与党や規制当局による非公式な形での影響力の行使があったとする。それは、放送局新設時の非公式な参入調整（一本化調整）や、政権や政治家、規制当局などによる番組中止や変更の働きかけといったものであるが、それらが事例とともに説明され、時期によってそのあり方が異なることが指摘される。

第7章「多メディア化と放送規制の変容」では、近年における多メディア化と構造規制の意味の変化、それにともなう制度改正（規制の緩和）などが検討される。そこでは、放送事業者の経営が厳しくなるにつれ、構造規制については資本規制が緩和されるとともに、規制監督体制の見直しも議論される。また内容規制についても放送事業者の自主規制や、放送倫理・番組向上機構（ＢＰＯ）など第三者機関の役割が強まっていくとする。

そして、終章の第8章「結論と含意」では、論文全体としての結論や政策的な含意が示される。そこでは、日本における放送規制は、構造規制、内容規制のどちらも公式の規制の効果は小さく、むしろ非公式な規制の効果の方が大きいという。また、政策的な含意としては、まず放送規制の理念の再整理と政策目標の明確化をした上で、表現の自由や民主的政治過程とのバランスをとるために具体的な規制手法の適正化、とくに第三者機関の活用といった方策が重要であるとしている。

二　本書の意義と課題

本書は、戦後から今日に至るまでの放送規制を対象としたものであり、戦後日本の放送規制をきわめて包括的に論じたものである。とりわけ、放送規制を、内容規制と構造規制の二つに大別し、それぞれの経緯を詳細にたどっている点は、評価されるべきであろう。つまり、番組への介入となる直接的な内容規制については、規制当局も抑制的に運用してきたのに対し、放送免許の付与や再審査、それにマスメディア集中排除原則といった間接的な構造規制にも着目して、それらが放送番組にどのように影響をしてきたのかを明らかにした。また、放送法が想定しない民放のネットワーク形成といったファクターにより、放送事業者の「多元性・多様性・地域性」の確保が十分になされなかった点など、放送規制の限界についても多面的に論じている。

このように本書はきわめて学問的意義を有する研究であると言える。ただ、それだけに、評者としては、いくつかの点で疑問や課題があることも指摘せざるを得ない。以下、五点に分けて述べることとする。

まず、第一に、現在の放送制度の枠組みを所与の前提としているのではないかという点である。著者のいう放送事業者の「多元性・多様性・地域性」について例を挙げれば、周知の通り、日本の放送制度、特に地上波テレビ放送は、一部の地域を例外として県域放送を原則としている。したがって、免許申請者は、必ずその県の全域で電波を受信できるように設備を整えなければならないこととなる。しかし、テレビ放送への胎動が始まった一九五〇年代においては、一方には正力松太郎の日本テレビ放送網のように全国を一社でカバーする構想があり、他方には特定の都市だけを視聴エリアとする放送局の設立構想もあった。すなわち、現在とは違った放送局の置局の可能性もあったのである。そうだとすれば、著者のいう「多元性・多様性・地域性」の意味がもっと突き詰められる必要があるのではないか。

第二に、本書は戦後から今日に至るまでの長いタイムスパンを取っているが故に、個別の歴史的研究としては深みに欠けるきらいがある。例えば、前述の初期のテレビ免許の交付・置局政策は、民放ラジオ局への免許交付に引き続いて行われたのであり、当然、その経験が活かされたものと推測される。しかし、本書は、地上波テレビ放送に焦点を絞ったために、そうしたラジオ局の設置には触れられていない。そのため戦後の放送行政の形成プロセスの一部が十分に説明されていないように思われる。また、GHQが執拗に設置を求めた電波監理委員会が、独立回復後の吉田茂政権下で廃止されたことは本書でも触れられているが、そうした占領政策とその後の放送行政の相違点についても十分に検討されていない。

第三に、著者は、規制をする側の規制当局と規制を受ける側の放送事業者の二者を主に取り上げているが、その他のステークホルダーについてはあまり触れられていない。例えば、先に挙げた正力松太郎の日本テレビ放送網構想については、アメリカ側からの働きかけがあったことが、今日では明らかになっている（神松一三『「日本テレビ放送網構想」と正力松太郎』三重大学出版会、二〇〇五年。有馬哲夫『日本テレビとCIA　発掘された「正力ファイル」』新潮社、二〇〇六年、などを参照）。また、電通に代表される広告代理店が、広告主のみならず権力の座にあるものと放送局の間に介在し、さまざまな役割を果たしていると言う指摘もある。これらについては、若干の言及はあるものの、本書では、ほとんど扱われていない。著者は、公式な規制とは別に、政権与党や規制当局による非公式な形での影響力の行使があったとするが、それならばなおのこと、そうした水面下でのさまざまな働きかけ（それはおそらく「圧力」「懐柔」「便宜の供与」等々の形態を取るのであろうが）についてさらに深める必要があろう。おそらくは、行政指導などの公的な規制は、そうした水面下での働きかけが何らかの形で調整された結果として表れるものではないか。そう考えれば、規制といっても、それは受ける側にも何らかのメリットを与えるものとして、浮かび上がってくるのではないだろうか。戦後日本における、いわゆる護送船団方式の産業育成を考えれば、放送業界においても、指導や規制は、それを受ける側にとっても、ある種の恩恵があったと考えられる。その意味では、日本の戦後政治において他の官庁が行った行政指導との比較なども、今後の課題になると考えられる。

第四に、ここまで述べてきたこととも深く関連するが、本書は、放送規制の制度や運用については掘り下げているが、全体として人間的な側面が薄く、あえて言えば、「生々しさ」がない。例えば、本書の参考文献にも挙がっているエリス・クラウスの『NHKvs日本政治』（後藤潤平訳、東洋経済新報社、二〇〇六年）では、NHK会長人事をめぐる官邸の意向などが赤裸々に記述されていたが、そうした政治や行政における人間的な側面への踏み込みが弱いように感じる。

最後に、本書は、こうした放送規制の背景となる日本政治そのものについても、禁欲的な印象を受ける。すなわち、一九五五年の五五年体制の確立以降、日本ではほぼ一貫して自由民主党が政権の座を維持してきた。そうした自民党支配の下で、昨今では、「忖度」型の行政、すなわち官僚などが権力者の意向を先回りして実践する行政の弊害が指摘されている。それを考えれば、放送においても公的な規制を最大限に発動するのではなく、一定の手続きや民主的な制度運用を行いつつも、放送事業者の「自粛」や「迎合」、「同調」などを引き出すことが可能であったのではないかと考えられる。こうしたことは、文字資料としては残りにくく、実証するのは困難ではあるが、背景として検討すべきではないだろうか。

以上、五点をあげたが、やや外在的な指摘もあったと思われる。いずれにせよ、冒頭で記したように、本書は戦後日本における放送規制というテーマにそして体系的にアプローチしたもので、高い学問的価値を有していると考えられる。

近年、テレビ放送に対する政治の関与のあり方が問われる事例がいくつも生じている。また、インターネットの登場以来、放送制度そのものの枠組みも揺らぎつつある。そうした中で、本書は、今後の放送制度や監督・規制を論じる際にも重要な手がかりを与えてくれるであろう。

村上聖一　戦後日本の放送規制
（日本評論社、二〇一六年九月、七七七八円＋税）

《資料紹介》

「本江治作日記」一九四五年四六年（上）

有山輝雄編

ここで紹介するのは、本江治作の一九四五年一〇月から一二月までと一九四六年一月から五月までの合計二冊の日記である。本江治作の文書は、ご遺族本江（本橋）殉子氏が長年保存されてきた。今回本江殉子氏の御了解のもとに、その日記を歴史的に貴重な資料として紹介させていただくことにする。

本江治作がこれ以外の時期にも日記をつけていたのか不明である。少なくもご遺族のもとに残っているのはこの二冊だけである。一九四五年一〇月から翌年五月までの時期が本江治作にとって非常に重要な意味をもった時期であったので、特にこの時期に日記をつけた可能性もある。

本江治作は一般的には著名な人物ではないので、最初に本江治作が自ら書いた昭和三三年三月十日附の「履歴書」をそのまま掲げることにする。「履歴書」は墨書で封に入っていたが、なぜこの時点で履歴書を作成したのかは分からない。

履歴書

本籍地　東京都台東区浅草北清島町一〇九番地

現住地　東京都豊島区池袋八丁目二三七一番地

本江治作　明治四十四年九月十五日生

学歴

一、昭和四年四月　大阪市大淀区長柄中通二ー十二

関西大学専門部経済科入学

一、昭和五年三月　同大学専門部経済科一年終了

職歴

一、昭和五年八月　東京都千代田区有楽町　朝日新聞東京本社入社印刷局勤務
一、昭和二十三年八月　病気のため退社
一、昭和二十九年九月　東京都中央区日本橋小舟町　科学経済研究所入所
事務局次長兼業務部長
一、昭和二十九年十一月東京都豊島区巣鴨五丁目　愛国産業株式会社嘱託　本日に至る
賞罰
一、なし

右の通りに相違ありません

昭和三十三年三月十日

右　本江治作　印

簡略な履歴書で、関西大学専門部経済科に入学する以前の学歴や朝日新聞社東京本社印刷局に入社するまでの経緯は不詳である。ただ一点重要なのは、「昭和二十三年八月」に「病気のため」朝日新聞社を退社したとあるが、実際は一九五〇年七月いわゆる「レッドパージ」で同社を馘首されたのである。当時、朝日新聞社は七月二八日に七三人を馘首し、次いで七月二九日、八月一日、三日と馘首を続け、合計一〇四人を馘首した（馘首人数は『朝日新聞労働組合史』による）。本江は七月二八日付の被馘首者の一人である（『新聞協会報』一九五〇年七月三一日号による）。「レッドパージ」は朝鮮戦争、講和条約問題などと絡みあった戦後のメディア史にとって最も重要な問題であるが、今回紹介する日記の時期とはずれているので説明は割愛する。ただ拙著『戦後史のなかの憲法とジャーナリズム』（一九九八年　柏書房）の第四章で社長であった長谷部忠の「日記」を利用して、レッドパージに対する経営者側の態度を明らかにしたので参照願いたい。

今回紹介する本江治作「日記」の一九四五年後半一九四六年前半は、敗戦後の大激動期であった。朝日新聞社だけを見ても、戦争責任論議を契機とする社内の紛争、社長会長全重役の辞任、従業員の選挙による新重役選出、従業員組合の結成、日本新聞通信放送労働組合の結成とそれまで考えられもしない大変動が次々に起きた。本江治作は、そうした大きく揺れ動く労働運動の中心にいた人物である。『朝日新聞労働組合史』（一九八二年　朝日新聞労働組合）によって一九四五年四六年の労働組合役員を見れば、一九四五年一一月一〇日に初めて結成された朝日新聞東京本社従業員組合において本江治作は副委員長（委員長は聴波克巳）、一九四六年七月一九日結成の日本新聞通信放送労働

組合（新聞単一）朝日新聞支部において書記長を務めている。一九四六年一〇月五日の新聞放送ゼネストにおいて新聞単一朝日新聞支部執行部は組合大会にスト突入を提議したが、投票の結果、スト中止意見が多数をしめ、組合執行部は総退陣となった。この時、本江も役員を辞職した。以後組合役員として表面に登場したことはないが、依然として労働組合運動の活動は続けていたと推定される。

敗戦直後の朝日新聞社を初めとする各新聞社の組合運動については聴濤克巳、森恭三、広岡知男などの活動が知られている。なかには回顧談などを残している者もいる。だが、そのほとんどが高学歴の編集記者であるのに本江治作は活版労働者であって、その立場から敗戦直後の労働組合結成の動き、社内の戦争責任論議などを記録した日記として非常に貴重である。これまでと違った角度から敗戦直後の新聞社、労働運動を考える絶好の材料である。

日記の一九四五年は小型ノート、四六年は表紙付きの堅牢なノートに記されている。残念ながら水濡れが多く判読困難な箇所がある。またそれ以外の部分も文字が薄れ読めない箇所がある。判読不能文字は□とした。

一、原稿に起こすにあたって、仮名遣いなどは原文通りとしたが、旧漢字は現行漢字に直した。

一、原文書は横書きであるが、編集の都合上縦書きとした。それにともないアラビア数字は漢数字に直した。

一、読みやすさのために適宜句読点を打った。

一、後日に文章を挿入した箇所がいくつかあり、挿入すべき箇所が分かりにくいところがある。できるだけ文章の脈絡から判断して適当と思われる箇所に挿入した。

「本江治作日記」一九四五年

一〇月一七日（水）　夜はじめて政経の決議文、植字科を見る

一〇月一八日（木）　整理部よりのすすめで、夜編輯局各部代表委員会を傍聴する。当夜、提出すべき決議文等を議する。

一〇月一九日（金）　午後三時、社長よりの話、講堂で。引き続いて社員大会。聴濤、白川、杉山、野村、高垣各氏起つ。

午後七時より各部より二名宛選出の実行委員会、論説委員室で。整理部より誘ひをうけて本江、金丸出席。出版、発送も二名宛来る。出版伊藤外一名、発送田辺、藤崎。乞はれるままに局内の事情をはなす。鈴木文史朗と委員会の討論をきく。

一〇月二〇日（土）　出版局大会あり、編輯局への合同の

態勢示す。金丸君戟文を練る。

　実行委員会では解答を明日正午までの期限付で要求す。当夜も委員会出席を乞はれ、行木氏を誘ひ金丸と三名で出席。

　この日委員室外で佐藤部長と出会ひ、部長会の態度が編輯支持にかたむいたので、我々のも承認して貰ふべく交渉するも、まとまらず。

　本日朝行はれた班長会で河合局長は
　一．社長、会長、重役は退陣したので戦争責任の問題
　　は一応片がついた。

　二．編輯局の機構改革、人事異動は人心を刺激するか
　　ら、一応撤回されたし。

　三．株式組織を社団法人に改めること。

の三項を仲裁案として提出するから、皆んな局長を支持してくれ、との話ある。

一〇月二一日（日）　寝すぎて午后一時出社。回答は来らず。金丸君よりビラの商談を受く。依つて部長を説く間、暫時待てと指令す。

　佐藤氏と昨夜の続きを論ず、□□。氏には二、三時間沈黙を約す。委員会と連絡して説トク方たのみ、二、三時間待機することにする。

　発送、印刷へ働きかく。ビラもれて部員に口説かる。部幹部の態度とにらみ合せ、遂に大会開催を決す。期日を明夜とする。六時勤労課に呼ばれ、大目玉をもらふ。局長も来り、同様叱られる。然し局長は明夜の大会を許可す。部長は金丸と本江を分離させんとす。結局部長も大会を許す。懇談といふ形式にとの希望なので承認する。

一〇月二二日（月）　朝礼、部長の話。インチキなり。本江、金丸を悪く云ふ。昨夜の話と全然ちがふ。

　夜、市内版を終るまで部長、静かにやつてくれ、穏やかにやつてくれ、短くやつてくれと、つまらん条件を出す、然し実質をとればよいとて全部承認する。樽水大声でどなる。夜大会開催。本江より経過を報告と信念吐露。金丸より組合問題提出。全員賛成。明正午委員選出、届出を約す。闘争委員会へ緒方氏を通じ本日中誠意ある回答する由申入れあり。

　十時帰る。

一〇月二三日（火）　昨夜十一時すぎ全面回答の由。

　朝礼の時間借してくれず。局長朝礼でしやべる。班長会で活版部の総意をまとめるのに班長を通じて行ふ案に反対し、十六対一で戦ふ。この際における樽水の態度特に悪し。班長に一任するか、各班より委員を出すかして総意を調べる妥協案が出、大勢もだし難く、それに賛成する。

　幹部は組合運動に出しやばるべきではない、本当に必要

ならば下から盛り上つて来るのであるとも主張する。

その夜、部長より金丸のところへ組合のことはあとは手を引くから、よろしくたのむとの言葉があつた由。

一〇月二四日（水）　きのふの投票、本日正午開票。

一班　小鯛正吉　渡部五郎
二班　小川鎌四郎　萩原宗吉
三班　野村俊雄　小柳俊平
四班　下川寿雄　横山正治
六五班　橋本雪枝　根本けい
七班　並木銀一郎　稲増清一郎
八班　本江治作　内田熊治
九班　新保源一郎　小森鉄雄
十班　金丸泰蔵　前田子之助
十一班　行木茂　今里信次郎
十二班　田中亀一　荒川綱吉
十三班　山名正一　三井三郎
十四班　大庭栄吉　石井実

結果は以上の如しで、班長の出たところは無し、推センで当選したのは八班ぐらゐのもの。他は全部兵隊が出て来たのは愉快であつた。

部長、新めて金丸に組合のことは頼むと云つて来る。当然なことである。おそきにすぎることである。

正午これら委員による委員会をはじめて屋上で行ふ。選挙の結果

委員長　本江作治
副委員長　金丸泰蔵

と決定。部長に報告すると何や彼とおだてらる。

局長案になる局懇談会の交渉をうける。

一〇月二五（木）　朝礼で金丸選挙結果を報告す。局懇談会に就き、更に交渉をうく。この件につき部長の提案気に喰はないが、回章で委員に計ると大体賛成なので、その旨返答する。正午委員会開催して規約論議。月曜までに各委員研究して持ちよることに申合す。活版部会は全従業員組合と歩調を合すべきことを本江主張し、反対する金丸と論戦する。

一〇月二六日（金）　正午委員会で、従業員組合編輯案に態度協議する。

一〇月二七日（土）　何事もなし。

一〇月二八日（日）　休業。

編輯局部長級異動。

一〇月二九日（月）　部会規約可決。三一日に部会発会式とす。委員会の空気は急遽発足を望むかの如くで、尚早案は通らず。

この発会式に就き、部長延期を申出る。事態の進行を賛

成し兼ね、須藤氏、キクナミ氏に相談する。両氏とも従業員組合と歩調を合せるやう希望する。で翌日活版部委員と須藤、キクナミ氏の会談を約す。

一〇月三〇日（火）　須藤氏と部委員、三階委員室で会談。結果、部会結成延期にかたむく。次いで部委員会開催、右延期を正式可決す。

一〇月三一日（水）　佐藤氏はじめて明日の局懇談会における局代表選出のこと、金丸、新保にはなす。果せるかな拙劣な態度現はる。事態の急を思ふ。

一一月一日（木）　局懇談会の対策を講ずるべく緊急部準備委員会開催。白紙でのぞむこと決議。局代表選出の際は委員長、副委員長を押すこと決定。

局懇談会で代表決定し、三時よりの各局代表委員会へ本江、金丸出席す。

当日朝礼で金丸、準備委員会の経過報告す。

一一月二日（金）　午前十一時、各局代表委員会、貴賓室で第二回開催。組合結成準備会五時と決定。会次第も決る。印刷局では司会寺崎、演説関ときまる。当夜司会演説者の変更を伴ふことで関と一時間半にわたり論争す。

一一月三日（土）　寺崎と会談。司会ゆずる。

一一月四日（日）　寺崎、関会談の結果、二人演説、本江司会と決する。

一一月五日（月）　組合結成準備大会開催。一二時半終る。

司会　本江

座長　聴濤

経過　〃

動ギ　〃

演説　関辰忠

〃　河方金頼

〃　玉水辰造

〃　寺崎道春

午后一時半より準備委員会開催。三時半終る。

一一月六日（火）　部準備委員会、規約への態度きめる。

一一月七日（水）　準備委員会十時半より開催。規約至急速審議。三時半より起草委員会。六時より更に準備委員会開催し、一気に規約可決す。次いで結成大会を十日と決め、大会順序も決定す。これでまた司会本江、演説斉藤薩郎。

一一月八日（木）　ナシ

一一月九日（金）　ナシ

一一月一〇日（土）　組合結成大会。

一一月一一日（日）　静養。

一一月一二日（月）　臨時執行委員会。

加入申込開始。

局委員を出せ、執行委員を選べのビラ。
一一月一三日（火）　部準備委員会。内規本極り。
十五日部結成大会挙行と決める。
一一月一四日（水）　部結成大会準備に終日費す。
臨時執行委員会、申込みを持合ふ。
一一月一五日（木）　午前十時。活版部会発会式。
次の順序で成立す。

　　司会者　金丸泰蔵

一、座長推戴　本江
一、経過報告　委員長
一、内規説明　小川鎌四郎
一、動議　（本江）
一、激励演説　小鯛正吉
　　　　　　　山名正一
　　　　　　　内田熊治
一、祝辞　佐藤隆
　　　　　聴濤克巳
一、部会万ザイ　（本江）
一、閉会

同日三本社印刷局の機構改革。
人事異動発表
　局長、部長居据り、樽水次長
　建川次長、その他係長
部内の不満くすぶる。
一一月一六日（金）　朝大庭委員の申出あり、臨時委員会十一時開催、人事異動問題をとり上ぐ。決定した申合せは――今回の人事は旧体制的天下り人事にして、部員一同不満なり、かかる人事を依然なす□では頭の切り替えが出来てゐない、かかるが由に、この際総退陣すべし。
この決議は速刻部長に提出すべしとの声があつたが、大勢は数分後に選出さるべき　新委員に再動議と提出権をまかせることにして十一時五十五分散会。
午后一時、新委員会開催。
メンバーは
鋳造　山名正一　三井三郎
文撰　小鯛正吉　小川鎌四郎　成瀬徳明
　　　渡部五郎
題字　新保源一郎　金丸泰蔵
大組　本江治作　内田熊治　釜本銀一郎
製本　石井実
女子　橋本雪枝　根本けい
委員長選挙の結果
　委員長　本江治作

副委員長　成瀬徳明　山名正一

当選

早速臨時委員会における決議を本として、協議した結果、次の決議文が出来、それを上申書として部長に手交することを決定する。

上申書　＝　さきに従業員組合結成せられ、活版部会も成立し、民主主義体制を声明せるが、このたび活版部の人事異動は余りにも旧体制的、独善的、天下り人事にして部員は全面的に不満なり。真に活版部の民主化を図るならば、此度の如き人事異動は将来繰りかへさざるやう考慮せられたし。かかる時は部員側代表に事前において考慮発言の機会を与へられたし。又今回の人事異動に対する不満は、これら幹部の今後の言動によつて活版部会としての行動の自由を留保するものなり。右部員の総意をお伝へす。宜しく善処されたし。

上記の決議文を執行委員会に連絡すると、委員会では活版部の単独闘争も考慮せねばならぬので、一応、局委員会に働きかけるやう、との指令に接し、速座に局委員会召集の手続きをとり、三時局委員会開催。

局委員会では、今回活版部で採つた処置に関し、本江委員長より説明せる処、諒解を得、局委員会においても同様趣旨の決議文を局長に提出することに意見一致。

局長宛上申書　＝　今回の人事は多分に福井人事の色彩濃厚なり。かかる人事は我々の総意に反することにして、現在の不満抑へがたきものあり。今後の人事に関しては福井氏一派の思惑を考慮することなく、我々の総意が那辺にあるやを汲まれ、民主的に東京独自の行動をとられたし。右局委員決議として進言す。

部長宛局長宛何れも明朝提出として散会。

一一月一七日（土）　午前十一時局の執行委員五名にて局長に面会。決議文を交す。種々懇談してかへる。相談をうけたこと。

・局の規程改正のこと。

・重役をどうする。

その他。

午后一時より部委員会開催。席上部長の出席を求め、上申書提出。

部長は人事異動に関しては陳謝す。

向後の重要問題打合せにつき協議。

その他希望条項要求十件述ぶ。

同日夕刻、計三件承認さる。

部会報発行の件。

週休制実施の件。

上役の下役に対する態度の件。

一一月一八日（日）休み。

一一月一九日（月）東京新聞へ組合設立の件で出張。

午后一時執行委員会開催。

各局執行委員初顔合せ、氏名次の通り

業務　榊原　彬（広）　印刷　本江　治作（活）
浜本　喜一（資）　寺崎　道春（勤）
塚本　理八（会）　角　四郎（工）
鈴木　徳松（庶）　斉藤　薩郎（写）
玉水　辰造（普）　関　辰吉（印）

出版　所　武雄（雑誌）　編輯　長谷川健一（政治）
宗友　重孝（雑誌）　村上　寛治（社会）
李家　正文（図書）　須藤　隆治（聯絡）
田村　栄一（刊行）　清野　芳郎（通信）
山口　準（業務）　聴濤　克巳（論説）

聯合　山口　俊彦（厚生）
高野　泰吉（厚生）
寺田　勤（企画）
池田　源治（戦資）
杉浦　年雄（人事）

◇組合事務所　候補を調査部分室とす。

◇読売へ資金援助の件可決。方法として各局でビラをはり呼びかけて、各部単位に金を集める。

◇各局執行委員は執行委員会の決議事項を下部組織に徹底する手段として必ず局委員会を通ずること。

◇二十二日神田共立講堂における読売応援読者大会に本社より応援弁士を送る件。本江委員に指名。

◇次回執行委員会は臨時に二十二日に行ふ。

◇定期執行委員会は毎週月曜日午后一時と決定。

◇先日の待遇改善案に関し、重役問題と共に次の二要求を決議。速刻全執行委員が重役室に野村重役を訪ね手交す。

要求

一、社長の後任は社内より適格者が出るまで留保すること。

一、現在の三重役は前社長の公約を忠実に履行し、社内再建を終了するまで引き続き留任し、責任ある態度をもつて早急に転換期事態を収拾に当たられたし。

一、十一月二十五日の定期総会において三重役以外に重役を増員する案は絶対反対す。

一、退任重役の顧問就任は我らの断じて容認せざるところなり。

一、重要なる再建機構並に人事に関しては予め従業員組合執行委員会に諮問せられたり（ママ）。

要求

一、今回の第一次手当増額案は第二次増俸案を即時実施することを前提として容認する。
一、第二次増俸案は第一次増額を含み現在の本俸並に手当共に十割増額を最低限として要求する。
一、右増俸総額は全従業員俸給額の十割以上とし、その配分に当りては一律平等の増俸を避け、高給者に薄く、薄給者に厚き方法を講ずること。
◇次に先日の野村重役の示せる待遇改善案の骨子次の通り

本社負担金は二七〇万円となる。
信用組合の貸出、返済は簡易、便利にする。
厚生本部を充実、整備し、運営の厚生治□を計る。

参事以下
食事手当
被服手当
住宅手当
家族手当　――従来の分。
妻帯手当
物価手当　雇員四〇　準社五〇　社員六〇。
住宅手当　従来の基本給の一割が三割となる。　――新規
家族手当　雇員一〇　準社一五　社員二〇。
子供一人につき五円まし。
理事以上、従来戦事手当として基本給の二割を支給したが、社員と同様となる。
以上により安い人　一四割が二〇割四分。
高い人　二割が四割となる。

一一月二〇日（火）　部会開催。読売資金援助の件に関し、徴収方法決める。各係において集め、委員長まで持参す。
◇部会ニュース　編輯担当を決める。
小川鎌四郎、内田熊治、新保源一郎
金丸泰蔵、蓮田京郎（五氏）
◇部会日誌　内田熊治、成瀬徳明
◇重役より金品申込あり。
一一月二一日（水）　読売資金徴集。即日納付す。

文撰	三四・〇〇
大組	二一・〇五
鋳造	一一・〇〇
植字	九・五〇
製本	九・〇〇
女子	八・五〇
計	九三・〇五

◇共立講堂における読売読者大会には須藤氏演説。
◇毎日新聞従業員組合結成大会には本江演説と決まる。
一一月二二日（水《ママ》）　十時半より毎日従業員組合結成大会にゆく。
◇一時執行委員会
　応援資金を送り、メッセージ作る。
　編輯　二五六・九五
　印刷　二四〇・〇五
　業務　二四〇・三〇
　出版　五六・五〇
　聯合　一〇六・五〇
　　計　九〇〇・三〇
◇副執行委員長指名
　長谷川健一（政経）
　本江作治（活版）
◇組合事務所は三階調査室分室希望に関する経過報告あり。
　専任の書記女子雇入れの件。
◇財政委員会設立に関する事項を浜本氏（資材）に研究委嘱。
◇機関紙急速発行に関する研究を須藤、江田、白沢三氏に委嘱。
◇全国新聞通信従業員組合聯合会を作るに就き聴濤氏の報告あり。
　当日集合せるもの
　読売　朝日　同盟　時事通信
　放送局　東京新　時事　中部日本
◇共同闘争委員会設立さる。
　本社代表委員
　須藤、村上、本江
◇現在の厚生委員会を解体。組合側代表による新委員を挙げる件可決。
　各局より四名選出。
　うち一名　執行委員
　　一名　局委員
　　二名　組合員
　委員のメンバーは次の月曜までに持ちよる。
◇厚生本部のスタッフを今のままにしておいてよいかの件付議。
一一月二三日（木《ママ》）　部会
◇毎日結成大会の報告
◇二十二日執行委員会の報告
◇厚生委員会の報告
◇活版部慶弔要綱付議。新保委員付託とする。

◇ボーナス基金開始に関する件。
◇部会報への聴濤氏希望。
一一月二四日（金《ママ》）　部会
◇新保委員より慶弔要綱の成案上程。修正可決す。
（編者注）「活版部慶弔要綱」挟み込み（割愛）
◇局委員メンバーで第二回局長と会談。
◇野村氏よりの話として退位重役は功労にむくゆべく社賓はどうか、研究してくれとの由。
◇二十六日の総会では野村氏より重役は大体三人でやる心算とのこと。
◇新聞非常措置により、地方より金がかへる。その金が約六五万円。
支那、南方方面の新聞経営廃止により上海だけで月四〇万円、計百万円浮くぢやないかであるから、本回に限り十割ぐらゐの増額は可能の見込みである。
一一月二五日（日）　ナシ
一一月二六日（月）　部会（正午より）
本日は出席委員六名にして決議不能のため協議に留める。
◇宿直手当　社員並みにする。
◇宿あけ帰り　朝四時半ごろかへる。
◇八時間勤務にして時間外手当の率をウンとよくする。
◇女子の入浴時間
◇女子賃金の件（年令より技術を尊重する）
執行委員会（午后一時）
聴濤委員長、須藤委員闘争委員会出席不在。
長谷川、本江副委員長代行す。
◇財政委員の人名も案として決定せるも、目下業務はボーナス事務で多忙だから、その第一回は来月初旬にしたい（浜本）
◇出版局委員により　出版局の機構改革実現し、そのため局委員、執行委員の選挙やり直しを行ひたい動議、可決（所）
◇機関紙発行は諸手筈とゝのひ、近々発刊の予定にて、各局割当の原稿につき、社会部小池、東亜部江畑より通知ある筈との由（村上）
◇共同闘争委員会につき説明（本江）
◇共同闘争委員選出につき大会開催の件上程を可決（本江）
◇臨時大会のヨテイ審議
十割増額案の中間報告
共同闘争委員会の趣旨説明
闘争委員選出のこと
など決定する（本江）
一一月二七日（火）　局委員会（午后一時）

◇執行委員会の報告（本江）
◇局規定に対する希望意見を各自述べる
三〇時間制廃止して該金額を本給に入れる。

夜勤料は編輯並みにしてくれ（併しこれは研究の余地大いにあり）。

手当は社員並みにして一本にすべきこと。

家族手当の扶養家族五、〇〇〇のものを一〇、〇〇〇にする。

宿直の明けは編輯並みにする。
◇社員準社員雇員の問題は各局へきく。宿直のこともきく。然して研究して次回にもちこす。
一一月二八日（水）読売四頁印刷する（詳細組合旗一号）。

一一月二九日（木）休む。

一一月三〇日（金）休む。

一二月一日（土）休む。

一二月二日（日）休む。

一二月三日（月）執行委員会
鈴木敬之が委員長の処へ来て社賓云々を言ふ。対重役会見の態度を決める。

午后二時ごろ五階重役応接室に三重役と執行委員会が会見。

重役に関する要求は二十六日の定期株主総会で全面的に容れらるるも、ただ一点退位重役の社賓のみ容認しがたしと述べ、意見交換。我々は組合員の総意にきくことを約束する。

待遇問題に関する要求は具体案出来た。それを十四日の予算会議にかけて決まる。だからもう少し待つてくれ。我々を信頼してくれ。君達の希望のいくやうに努力中である。

左様なはなしであつた。
◇各局の不平不満は局委員会で至急にまとめる。
◇八時間労働制と四頁建とを関連して考へる。
◇金曜日一時より臨時執行委員会
一二月四日（火）部会
◇手当は全部社員並みにする。
◇年功加俸、入社後何年といふことにする
◇八時間労働制確立
時間外に関しては、一時間単位にするか。定額にするか、決定に至らず。

局委員会
◇社員に基準をおいた年功加俸等には反対。
◇入社した時に基準を置く。
◇賄料とは別箇のものである。
を可決。

執行委員会と局長に提出とす。

◇年功加俸に対する局委員会の案は
　五年　　一〇、〇〇〇
一〇年　　三〇、〇〇〇
一五年　　四〇、〇〇〇
二〇年　　五〇、〇〇〇
二五年　　六〇、〇〇〇
◇手当は全部社員並みにする　可決。
◇なほ井上氏に編輯と印刷の基本給の差を調査してもらふ。
一二月五日（水）　部室において宿明け問題に関し、部長と交渉。翌日は午后三時に退出することを暫定的に成立させる。
◇午后一時　読売争議共同闘争委員会へ出席。
　一〇日　日比谷音楽堂で戦争犯罪人正力松太郎糾弾演説大会挙行決定。
弁士　荒畑、宮本、森田三氏の他各社より一名宛。
　七日中に届ける件。
一二月六日（木）　部会。
五時より前夕部長より申出のあつた時事新報印刷に関する件を附議。お断りを可決。
◇十一時局長と会談。趣旨伝ふ。
一二月七日（金）　執行委員会
◇委員長不在で副委員長代行す。
◇共同闘争委員会の報告（本江）。
◇組合旗配布の件（本江）。
◇回章の件。実行に可決。
◇社審問題は全部決らず、本日の処否決にかたむく。次の執行委員会にかけることにする。
◇年功加俸に関する件
　△在社年限より計算する。
　△五年より始め五年毎に行ふ。
賄料とは別個とすること。
以上決定。各局委員より局長に提出することとするも、一応委員長よりの提出をまつ旨申合す。
一二月八日（土）
東京新聞へ激励演説にゆく。
一二月九日（日）　＊記述なし
一二月一〇日（月）　局長と会談。
◇社員一〇年後に対し、雇員、準社員は入社一五年後といふこと大体よろしとの由。
◇社員一本にすることは未決定。
◇四年以上に特別手当を出すこと確実。
◇以上のこと局長が云はれる。
局委員会

◇作業服に関し、終戦直後の配布に関し井上氏に非難浴せる。
◇局主催演説会の件　可決。
一二月一一日（火）　＊記述なし
一二月一二日（水）　執行委員会。
◇組合事務室、五階旧局勤務室と決定。
◇同事務室の整備は財政委員が当る。
◇専属の事務員を社外より選ぶ。
◇出版局委員改選
　岡崎俊夫（雑誌）　間宮達夫（雑誌）
　大木栄一（出版写真）　田村栄一（刊行）
　山口準（業務）　以上執行委員
　青木純二（図書）　飯田吾一（総務）
　村上義保（雑誌）　以上局委員
◇事務局設置は急速に適任者発見。
◇組合旗は月二回、タブ二頁発行。
◇組合旗編輯員は各局一人宛とす。
ただし編輯局は三人、印刷局は四人（内三人は鉛版部より）。
◇読売争議解決の報告（委員長より）。
◇読売解決にかんがみ、管理委員会設置に関する思案を委員長より提出。

一二月一四日（金）　部会。
◇予算会議　すみ次第十割増額案の内容を至急発表されたし。
◇組合旗編輯員割当きめる。
　大組一人、文選一人、植字一人。
◇執行、局、委員会報告。
◇地方版実施の報告す。
実施する以前に十割案発表してくれ。
五ツの新聞は止めてほしい。
等の希望あり。
局委員会。
◇寺崎氏より青年学校についての報告あり。
一〇月二七日以降の復員者は職員に採用するな、等々。
◇地方版に関し報告　可決。
◇十割案、至急発表されたし、来年一月になれば、酒肴料でかぞーせよ。
これは局長に予算会議での内容をきいてからにする。
◇編輯局委員と会見、印刷局員の待遇並に地位向上を計る。
一二月一五日（土）　部会（朝）。
◇地方版問題の態度をきめる。

十割案の内容如何によつては地方版はやらない。
◇局委員会の報告。
編輯局委員会との会見のこと。
午后二時、野村重役より待遇改善案をきく。
年額俸給として
　従来　九四七万円
　新規　一一余万円
　　計　二〇〇〇万円ぐらゐとなる。
現在一五〇円の人は今度は家族手当大幅にふやす。
家族三人の人は倍となる。家族数によつては倍以上となる。
一五〇円以下の人は勿論倍以上となる。
生活苦を緩和し手伝ひたい。ヨサンの編成を眼目に茲におく。だから無理もある。
地方新聞への金をとりもどす。
広告料値上げ。
大陸の経費が助る。
これらを財源として収入をやる。
支出、物価騰貴に経費の計上。用紙の値上が目前にある。
戦災の復興費、多額に計上する。
財産税その他のものも考へる。
これらを支出に加へて第二次案をやる。
基本給　三割
住宅手当　三割
食費補助　社員八〇　準社員七〇　雇員六〇
家族手当　妻四五（身分の区別なし）
　扶養家族一人三〇
　（一月一日現在に基準を置く）
特別年功手当
（副参事は三〇）
社員になつて十年
雇員　十五年　四〇－五〇－七〇－一〇〇
（五年おき）
賄料は年功手当支給をうける人はない。
宿直日直料は例外（次長以下）。
部会（午后）。
◇十割案は拒否。
・上にうすく、下に厚しの原則が徹底していない。
・独身者を無視してゐる。
・手当の差までつけるのは不可。
・実施期日が一月おそい。
これに基づいて午后六時ごろ部長と会談。
局長のはなし。

下半期　　四三八八万円
四二〇〇万円
六八万円の利益
中間賞与は繰上げだが、三月にはやはり中間賞与は出す。
地方版をやる時の要求。
◇五ツの新聞その他出版印刷関係もの雑物全部やめる。
◇電熱強化が先決。
◇地方版の数をはじめ五ツか六ツにする。
◇組体裁の簡易化。
◇地方版大組資材を拵へる。
◇文撰二〇人、植字一〇人、整備五人ふやす。たゞし熟練工。
◇七時間制の二部制。
◇夜勤制一時間二円均一制。
◇時間外の本給繰入れ（十八円基準）。
◇宿直料の社員並一定。
◇食事時間一時間
◇タイムレコード廃止（出勤日数普通ならやる）
夜部長と会談。活版部会の決定を伝へる。部長の意向は地方版をやつてくれといふことであつた。

これに対し、委員会の決ギ尊重を述ぶ。

一二月一七日（月）　局委員会（十時）
◇土曜日活版部会の決議を報告し、賛意を求む。
◇十割案の結果不満足につき地方版はやらない。十割案原案貫徹。
◇これに対し局委員会は義務の裏づけのない権利なし。地方版は一旦引受けた方がよい。然る上十割案原案に邁進すれば大義名分が立ち、全社的の支持を受け戦ふことが出来る。地方版そのものは社業の興隆である。十割案と地方版とは別箇の問題である。結びつけて考へるべきではない、との主張。
◇活版部会としては前日の決定理由を挙げて十割拒否。一般的な法則として賃金のない仕事は出来ない。且つ十割案は最低の生活権ヨウゴである。
今戦ひ取らねば、あの誠意のない重役連がまたまた数ヶ月実施を延ばす懼れあり。数ヶ月の十割案延期は我々の死を意味する。

地方版そのものは趣旨において賛成だが、この有力な地方版といふ武器をとつて戦ふのは、むしろ有利ではないか、との主張。

また十割案への関心が、我々を無理な仕事を我慢して働いて来たゆえんである。これを不満足とすれば、感情の上でも地方版は容認しがたいとの主張。

◇結局水かけ論となつたが、多数に不勢で、一応部会にかへつて局委員会の意向をつたへ再論ギすることを約す。

一方本問題を執行委員会にかけることは同意してもらふ。

◇またもし、部会が局委員会の希望を容れて地方版容認となつたなら、地方版と交換の十二項目の要求は局委員会として支持してくれるのかとの問に対して、局委員会は絶対支持、むしろ局の意向として共同に戦ふことを約束してくれる。

且つ十割案も共同歩調をとることを約束してくれる。

執行委員会（一時）

◇委員長不在。

◇十四日以来の活版部会の動きを説明。

◇局委員会の内容も説明。

◇執行委員会は局委員会と同様、地方版問題は分離すべきであると主張。出版局と発送は活版部案支持。大勢は分離案にかたむく。

◇地方版やる場合の十二項目は組合員として執行委員会は支持する。十割案の活版の空気も諒とする。組合員として見すてはしないが、一応部へかへつて部の意思をまとめて、新めて最終的な執行委員会の決定としよう、との由。

日取りは二十日とする。

部会（三時）

◇局委員会と執行委員会の意向を伝へ、部会としての最後案をねる。

◇文撰は原案固執、徹底抗戦論。活版部戦へば支持の声を起るとの説。最悪の時はストライキ辞せず。

◇植字、大組、製本は組合の支持を得るべし、ために一時地方版を引き受けるも已むなし。然し組合一致して執行委員会の十割案貫徹に戦ふべし。

◇女子は文撰案合流。

◇数時間論戦せるも妥結点発見に至らず。

◇委員長仲裁案を出す。

地方版を一旦引受けて組合の共同歩調を守る。然して十二項目の交換条件を期限付きで迫り、十割案に関しても執行委員会を監視する。双方の実現と方向を期限内に部会として満足すればよし、左もなくば期限と同時に地方版を叩き返へし、その時こそ単独闘争に移るべし。左すれば大義名分も成りたち得る。

◇以上三つの案をもつて明朝部の大会開催。全従業員の名において決定すべし。

◇この大会案は採択され、散会。

局規定改正委員会
◇部長会、局委員会合同の会議開催。十一時散会。
◇七時間勤務の問題。
◇食事時間一時間制。
◇宿直料の一定（五円）。
◇夜勤料の均一性（臨時賞）。
◇三十時間制の本給繰入れ（一八円基準）。
◇タイム・レコード廃止（精勤賞は日数により出す）。
◇二週間暑休制。
◇週休制、祝祭日休日制。
◇賄料三〇円支給の件。
◇上記局規定内に押入成功す。
　これは明日の三局長会議に東京案として提出する。
一二月一八日（火）　部会（七時）
一部委員の要求により大会に先だち部会召集す。
◇昨夜の続き討論。
◇第三案可決。
読売闘争委員会
◇単一組合への方向決定。
活版部大会開催。
◇十四日よりの部会その他の経過報告。
　第三案の承認を求む。
　満場一致可決。
大会決定の第三案を部長に手交。
決議文を部長を通じ三局長会議に渡す。
岡部通信部長と交渉。地方版横組成功す。
一二月一九日（水）朝、部会。
昨夜、局委員に報告（局長より）の件、きく。
　五ツの新聞　通過。
電熱　通過。
地方版三分の一
組体裁の　通過（通信部長へ）。
大組資材　通過。
人員増員　通過。
七時間制　通過（東京のみ）。
夜勤料均一性　通過。
一八円本給繰入れ
宿直料五円均一　通過。
食事一時間　通過。
タイム・レコード廃止　通過。
◇賄料（局規定）は表面
　　社三〇　雇一五　準二〇（大阪案）
　としておくが、東京は実質上全ブ三〇円とする。
◇七時間労働制も実質はいいが、現実には八時間としてくれ。
◇一八円繰入れは三局長では不能ゆえ人事部と交渉する。
また他に名案ないか。
◇地方版ブロック制のことは本日の文撰能力にむり、どうしても本日に解決しなければならぬ。
◇他に部としては臨時物は全面的に断はるが、定期刊行物は出来るだけやる方針をとる。
部長より、三局長会議の内容報告ある。
前記十項目通過もきく。
局委員会（正午）。
◇部会決定事項報告（第三案）。
◇七時間労働制。
賄料　明文化主張。
なかなか通らず。
◇十割案原案固執、これについては関、寺崎ら賛成せず。
◇十七日の局委員会の態度とは反対となる。
角、斉と（欠席）。
編輯印刷聯合局委員会
◇十四日以来の活版部の動きと態度決定に至る経過報告。
◇編輯局委員会、活版部支持を表明。
（地方版も、十割案も、十二項目も）
◇従来突発的にやつてゐた四頁でも相当苦労して不平の声があつた。
◇今度の地方版も現状ではやつていけない。
◇編輯で勝手に定めたものを印刷局に押しつけるやり方は一方的であり、感情の上でも承知出来ない。
◇降版時間を守るやうにしてほしい。
◇両局委員会で局長、部長に進言したい。
◇編輯委員会、或ひは聯絡委員会を各局集会してやりたい。
◇我々の待遇や人格を同等に見てほしい。
◇加藤編輯局長と地方版ブロック問題協ギ。
◇印刷局の地位、人格向上を求む。
◇降版時間守る件。
午後七時、執行委員会より報告あり、地方版ブロック問題解決。明日より実施となる。
一二月二〇日（木）　部会。
◇部長より報告。
◇七ツの地方版協ギ（受ける）
◇七時間勤務の実行方協議。
◇タイムレコードと青年学校。
執行委員会（午后一時）

◇委員長より地方版問題を含む十割案に対する説明。
◇業務局より
　十割案に関し現在案を容認する。
　収入面により第三次増俸案を実施されたし。
　新たに重役を早く選ぶべし。
　独身者のみか、全体が好待遇とは思へない。
◇出版より
　経営協議会設置賛成。
（大阪、西部の意見をきいてみる）
◇田中人事部長に説明をきく。
　本俸、手当　　月額八一万円
　第一次では　二二万二四八八
　第二次では　六七万六千円　　計八九九千余円
　家族のあるもの、ないもの、別に考へる
　基本給は五五万円（全従業員）
　その三割は一六万五千円。
　従業員数　五七八一人
◇配分に関しうまくいかず、決定は明日とする。
　夕方、河合局長より局の執行委員五名に対し、重役会の模様を若干報告あり。六五万円のうち四〇万円を薄給者へ支出、月一〇円によつて計算し、印刷局案を作製するやう回示をうける。
　依つて我々は深更まで協ギ、七〇円を限度とする十割増額、七〇円以上七〇円上げる、一五〇円以上五〇円、二〇〇円以上据置を決意。
　一〇〇円以下一〇割　　一四万円
　一〇一円より一〇〇円　　一二万四千円
　　　二六万四千円
　本俸をふやすことによる追加金
　賞与　　一三二、三五〇円
　中間賞与　　四四、一六六
　住宅　　七九、四一〇
　　計五二、〇二六×六
　　三一二、三七五六円
一二月二一日（金）　執行委員会
◇今回の第二次待遇改善案中諸手当増額案は承認するも、基本給料増俸案に関しては左記の如く修正せられたし。
一、本俸一〇〇円以下のものに対しては一律にその十割を増俸すること。
二、本俸一〇〇円以上のものに対しては一律に一〇〇円増俸すること。
右要求に対する回答は来る十二月二十二日正午までになされたし。
直後重役会と会見（四階重役室で）

委員長より薄給者冷遇、配分方法の拙劣を指摘。明日正午までの回答を求める。
これに対し、野村重役は杉江氏不在で断つたが、結局明日まで一応の回答を約束する。

一〇〇円以下の人　三五三〇人

十二月現在の三割は　二六五、〇〇〇円

依つて、ヨビ金の六五万円のうち四〇万円を支出。一月より四月まで各一〇万円によつてなんとかしてくれ。

一二月二二日（土）執行

◇午前十一時待機、正午重役と会見。
◇きのふ提出の案は即日実現することは出来ない。
◇あの案であると二ヶ月五〇数万円かかる。
◇結局、毎月一〇万円出して、諸君の希望を入れたい。
◇残金の二五万円は

地方紙移譲によるケイヒ。

戦災ヒ復興。

財産税

南方からの帰る分。

紙代があがる。

復員者三〇〇名の救援。

◇新聞値上げは各社の協定が出来て二月ごろから実施する。左すれば優先的に本俸増額に振り向け原案を直ちに実行する。
◇これに対し、我々は
◇一〇万円では今急にどうにもならない。あと一〇万円位ゐ出してほしい。
◇手当面はけづつて本俸に入れたら。
◇賞与は五月だから、その分一三二、三五〇円は定価値上の時に廻せばよい。
◇一六五、〇〇〇と一〇〇、〇〇〇　計二六五、〇〇〇円によつてやればどうにかいくのではないか。
◇本日の返事を我々は待つてゐる、と云つて決定に導く。

午后

三人で川津庶務部長に部屋の交渉。

◇特別経理委員会任命。

印刷　岡野実（勤労部長）

編輯　山下義（管理部長）

編輯　高野信（政経部員）

出版　山川武雄（刊行部長）

業務　小林光之（普及部次長）

この特別経理委員によつて本社の経理を検討。結果如何によつては更に支出してもらふこと勿論。

午后五時、これらの委員とキクナミ、長谷川、本江と論説委員室で会見。今までの経緯や任務を依頼す。

午后四時、活版部会は部長と会見。

十二項目の要求に関し折衝、十一項目の確認をみる。

　勤務時間を定める。

　宿直時間を定める。（三時より翌日二時）

文	一〇—五	一—八	不足	二〇人
植	一〇—五	一—八	〃	一〇人
大	一〇—五	一—八	〃	八人
女	九—四	——	〃	六人
鋳			〃	二人

これによつて、部会の要求は貫徹とみなす。

残された問題は内ム局立案の本俸配分の方法を検討するのみ。

　これは執行委員会が我々の要求を引きついだのでそちらに委せる。

九日間にわたつて戦ふ。

勝つたが、残された問題は我々の義務である。これを果さずして、社内の同情は得られない。

団結の力強さを忘るな。

将来のより大きな闘争のため、単一組合結成に向ふ。

団体交渉による団体協約の締結。

斯くすることは全日本の民主主義確立のための近道である。

このあとには経営協議会の問題がある。
一二月二四日（月）
五人の委員に重役を紹介す。
午后四時にやる。
（執行）午后一時
　◇委員長より五人の委員の件につき報告。
　◇経理委員会にキクナミ氏立会。
　◇内ム局へ長谷川、寺崎参加。
部会大会
　報告と決定事項採決。
一二月二六日（水）
◇青年会討論（講堂）
◇青年学校の打合せ。
◇読売闘争委員会。
◇キクナミ氏母堂死去の件きく。
一二月二七日（木）　＊記述なし
一二月二八日（金）　青年会打合（五階）
◇組合内の青年少年部と決定、やつと軌道にのる。
午后四時半、長谷川氏より重役と会見のことをきく。

直ちに執行委員会開催するも、時間悪く、長谷川、本江、村上ら六人ほどで重役と会見。

次の点を回答する。

八〇円以上は一〇割
八一―二七〇円＝八〇円　→三七万九〇〇〇円増
二七一円以上＝三割
これを一〇〇円を限度として一〇割上げたときは五三万円の増となる。
半期に一〇〇万円づつ多くなる。
◇重役は新聞値上げのとき、本俸の調整行ふといふ。
◇六五万円のヨビ金は既に六〇万円の赤字となつてゐる。
◇今回の三七万九〇〇〇円は次期に繰越したため赤字となつて次期の負担となる。
◇執行委員会は回答を留保して直ちに委員会開催。
席上、山下経理研究委員を呼んで経理の実際をきく。

　大陸利益金、人件費、内ム費の三点は結局詳しく判らず。

　来期に計上可能のものを指摘して、それにより本俸加俸の金額を出す。これによると、七〇円－一〇〇円の間なら可能であるが、一〇〇円となると自信がない。それは新聞値上の金額が判らないためである。で結局八〇円案が妥当であるとの結論である。

依つて已むなく承認する。

条件として
　経理の徹底公開。

　新聞値上のとき本俸の調整を行ふ。

　出来た案は前もつて組合へ内示せよ。

　その意味で一応今回の案をうける。
◇直後、重役と再会見。右の旨を通告す。

メディア史研究会『研究会報告』

二〇一七年七月〜二〇一七年一一月

第二七五回　月例研究会

・「占領期ラジオ番組『真相はこうだ』と『質問箱』の連続性と相違について」

・太田奈名子（東京大学大学院総合文化研究科博士後期課程）

［司会］井川充雄（立教大学社会学部教授）

・二〇一七年七月二二日（土）午後二時から

・日本大学法学部三崎町キャンパス　四号館地下一階　第四会議室A

〈報告要旨〉

本発表では、第二次大戦後日本占領期にGHQの指導のもと制作、放送されたラジオ番組『真相はこうだ』と、その後継番組『質問箱』についての発表を行った。先行研究ではほとんど明らかにされてこなかった後者の内容の分析を中心に、二番組の共通点と相違点について論じた。

第一部では、先行研究とその問題点を論じた。占領期ラジオ番組の先行研究の多くが『真相はこうだ』に集中していること、ラジオ放送の監督をしていたCIE（民間情報教育局、GHQの下位組織）の設立目的である非軍国主義化と民主主義化を国民に宣伝するという方針がラジオ番組内容にどのように反映されたのかが未検討であった、などの問題点を挙げた。

第二部では、研究目的と手法を述べた。発表の目的は、二番組を比較考察することにより、非軍事化と民主化というCIE及びGHQの占領方針が如何に『質問箱』に現れていたか、また、GHQのより具体的な占領政策と番組放送内容が如何に対応していたかを明らかにすることである。

第三部では、発表者が発見した未公刊一次史料（日英語放送原稿）を元に、『質問箱』第一回の内容分析を行った。まず、CIEラジオ課の週報により、『質問箱』も『真相はこうだ』と同様に、ウォー・ギルト・インフォメーション・プログラムの計画に沿って企画されたことが明らかになった。番組内では、聴取者からの投書七つが読み上げられ、それぞれが司会者により回答がされるが、番組放送時間（三〇分）の半分以上が戦争関連の質問（二つ）に割かれ、その他の質問（五つ）はマッカーサーの五大改革司令に関連する話題が取り上げられていた。さらに、日本語原稿に書かれている投書の質問文は英語原稿の直訳のように見受けられ、CIEが実際の投書を扱わずに、事前に組織内で質問を作成していた可能性が高い。『真相はこうだ』に比べて、『質問箱』では「上からの押し付けという感じ」がなくなり「水平型コミュニケーション」を取り、そしてそれは聴取者により受け入れられたと先行研究では論じられていたが、本発表の分析から、『質問箱』の特徴はそのプロパガンダ伝達の巧妙さにあることが明らかになった。

質問の中でも注目すべきは4番目の軍閥の戦争開始目的に関する質問である。GHQの新しい歴史観（大東亜戦争ではなく太平洋戦争）がどのようにメディアのことばを通じて提示されたかを探るため、『質問箱』を「戦勝国の語り」として捉え、元の出来事（客観的事象）が様々な捉え方で報じられる物語らしさの多様性を生む「時間性（temporality）と因果性（causality）」

に着目して分析をした。結果、「戦勝国の語り」は「現在、過去、そしてまた現在」と視点を移すという意図的な時間ねじりを経て行われていたこと、その視点の変化の基軸、つまり話の焦点となっているのは真珠湾攻撃であったことがわかった。

第四部　で『真相はこうだ』と『質問箱』の比較をし、前者は聴取者を教え諭して承認させる形、後者は聴取者の内省を促し判断を委ねる形を採ったと論じた。

第五部ではまとめと展望として、占領期ラジオ番組の比較分析をして番組の枠を超えることで、戦中・占領期のメディアの実態を通時的且つ多角的に探ること、また、それを「メディアのことば」という切り口から行うことの重要性を述べた。

発表終了後には、各会員の方々から、発表者が普段大学院で勉強しているだけでは気づくことが全くできなかったであろう鋭く、温かいご指摘をたくさん頂いた。ここに皆様に再度感謝申し上げるとともに、研究会で学んだことをこれからの自身の研究に存分に活かしていきたい。

第二七六回月例研究会（二〇一七年度研究集会）

・二〇一七年九月二日（土）午前九時三〇分から午後五時五〇分まで
・ホテル・アジア会館　二階A会議室

［自由論題］
司会　白戸健一郎（筑波大学人文社会系助教）
・長尾宗典（国立国会図書館）
「明治後期における地方青年と雑誌メディア―「誌友交際」のネットワークに注目して―」
・町田祐一（日本大学生産工学部教養・基礎科学系専任講師）
「戦時下の日本における一映画監督の軌跡―東宝文化映画部高橋秀一とその作品―」

［特集企画「メディア史研究の方法としてのオーラル・ヒストリー」］
司会　福間良明（立命館大学産業社会学部教授）
・問題提起者一　井川充雄（立教大学社会学部教授）
「新聞研究の方法としてのオーラル・ヒストリー―日本新聞協会による『聴きとりでつづる新聞史』シリーズ―」
・問題提起者二　浜田幸絵（島根大学法文学部准教授）
「放送研究の方法としてのオーラル・ヒストリー―放送関係者への聞き取りとその活用―」
・問題提起者三　加島　卓（東海大学文学部准教授）
「広告研究の方法としてのオーラル・ヒストリー―広告史とデザイン史を中心に―」
・問題提起者四　有山輝雄
「読者・視聴者研究の方法としてのオーラル・ヒストリー―読者・視聴者の語りは可能か？―」

第二七七回　月例研究会

・「馬場恒吾の無産政党観―社会民衆党および社会大衆党に対して―」
・木戸健太郎（岡山龍谷高等学校非常勤講師）
［司会］古川江里子（青山学院大学兼任講師）
・二〇一七年一〇月二八日（土）午後二時から

・日本大学法学部三崎町キャンパス　本館二階　第二会議室

〈報告要旨〉

本報告は、ジャーナリスト・政治評論家である馬場恒吾（一八七五―一九五六）の無産政党観について論じたものであり、まず馬場の略歴と、その先行研究について簡単に紹介した。そして政治史家である坂野潤治氏の馬場論を取り上げ、そこから馬場は果たして「自由」を追求する反面、「平等」に無関心であったのだろうかとの問題を提起した。馬場は一九一九（大正八）年以来、日本における「労働党」の実現を待望し、一九二六年には社会民衆党の結成に参画し、自著では「社会民主主義」を提唱したからである。

報告の大要は、無産政党の動向に馬場がどのような対応をしたかを論じたものである。すなわち、社会民衆党内では一九三〇（昭和五）年頃から、赤松克麿が「国民社会主義」を唱えて、日本独自の社会主義建設を主張した。しかし馬場は、直接行動的な赤松の考えを性急であると批判し、無産政党の勢力拡大は時間をかけていくよりないとした。社会民衆党は一九三二年の赤松の離党後、全国労農大衆党と合流し、社会大衆党を結成した。馬場は社会大衆党にも一定の評価や期待感を示していったが、一九三四年の「陸軍パンフレット（『国防の本義と其強化の提唱』）」問題を契機に徐々に思想的な距離を置くようになっていった。陸軍の提言を部分的に評価した同党幹部の麻生久や田所輝明は「階級闘争主義」を緩和して、より多くの有権者が受け入れられる「戦略」をとりつつ、社会主義政治の実現を目指そうとしていったが、馬場は「言論の自由」の制限や議会政治が軽視される可能性に懸念を表明してパンフレットを批判していったためだ。その後、一九三六、一九三七年と社会大衆党は二度の総選挙を通じ、議席を増大させる「躍進」を示した。馬場は無産政党の勢力拡大そのものは「明日を約束する」として歓迎したが、当時の社会大衆党に対しては必ずしも肯定的ではなく、ファッショ化に与する存在であるとみなすようになった。この頃にはむしろ既成政党こそ議会政治を堅持し、ファッショ化に対抗すべき勢力になるとする期待感を示していった。

以上のことから、坂野潤治氏のいう「平等」について、改めてみていくと、馬場は決して無関心だったわけではないと思われる。ただ「平等」の追求の前に、その前提となる「自由」を政治的に確保しておかなければならないとする気持ちが強かったため、「平等」の主張は相対的に弱まったと考えられる。

馬場にとって、政治を評価する観点として最も重要なこととは、民衆を基盤とする議会政治が成立しているかどうかであり、共産主義であろうと、ファシズムであろうと、独裁的な政治に対しては、一貫して否定的な姿勢を示してきた。戦前の無産政党の中には党勢衰退を危惧するあまり、ファッショ勢力と協力・連携する道を選ぶ者もいたが、馬場はファッショ化に言論の統制や議会政治の制限を危惧し、ファッショ勢力との連携は政党自らの基盤を揺るがしかねないと考えていたのである。

本報告は、馬場の「自由主義」や「社会民主主義」についての説明や、そうした思想の形成過程についての言及が不足していることなど、多くの不備を露呈するものとなったが、参加者の御叱正を得たことで、より深い研究成果を挙げることができるのではないかとする希望を抱くことができた。報告者にとって、たいへん有益な機会となったことを、感謝の気持ちをこめて申し上げておきたい。

第二七八回　月例研究会

・『実業之日本』による実業賛美とその行方：一九一〇—一九三〇」

・永谷　健（三重大学人文学部教授）

［司会］石川徳幸（日本大学法学部准教授）

・二〇一七年一一月二五日（土）午後二時から

・日本大学法学部三崎町キャンパス　四号館地下一階　第四会議室A

〈報告要旨〉

経済史の分野では、大正期・昭和初期の所得格差は現代よりも著しかったことが明らかにされている。また、それは「貧富の懸隔」の問題として当時の新聞や雑誌で盛んに論じられた。さらに大正期の半ばからは、富裕な実業家たちに対する批判的な思潮が急速に高まった。本報告では、著名な実業家たちの論説やエッセイを大量に掲載し、実業界の機関誌的な一面もあった雑誌、『実業之日本』を取り上げ、同誌を介して彼らが批判的な思潮に対してどのように関与したのかを検討した。

成功ブームが生じた明治三〇年代半ばから大正前期にかけて、実業での成功を賛美する言説は若年層の共感を得た。とくに同誌は実業礼讃路線を明確に打ち出し、明治三八年以降は財閥創始者世代を中心とする成功実業家の自伝的なエッセイ、そして彼らの事業活動の現状や経歴などを数多く掲載した。同誌は多くの読者を獲得したが、これには高等遊民の増加という当時の社会問題が深く関わっている。この時代の同誌は、学歴から実業の世界へと若年層の野心を振り向けるメディアとして機能していた。そして、学歴を経由しない成功者の実例として、成功実業家たちがいわば誌面に動員され、成功の体験談やノウハウなどが掲載されたのである。実業での成功が実現可能なものとして若年層の共感や憧憬の対象であったことは、この時代に実業家に対する批判が先鋭化しなかった理由の一つであろう。さらに第一次大戦を契機とする大戦景気では、大陸への事業拡張を推奨する拡張主義の言説が新聞や雑誌で盛んに語られ、実業家の存在意義が強調された。同誌でも、国益を誘導する野心的な実業の営みを推奨する実業家の論説が数多く掲載された。拡張主義の波に乗ることで、実業家たちは国益に貢献する献身的な先導者として自己呈示することができた。

ところが大正八年以降、実業家への批判的思潮が急速に高まった。国際労働会議で八時間労働制などの労働条件の国際規制が議題となり、これに対する実業家側の対応が批判の対象となった。同誌では著名な実業家たちの多くが、温情主義にもとづく労務管理こそが最良であり、労働時間の短縮は国益を損なうばかりで時期尚早であると主張した。そして同会議でも同様の主張が行われ、最終的には労働時間を含む諸点で日本の特例が認められた。実業家たちのこうした対応に対しては、新聞・雑誌で盛んに批判が展開された。彼らが労働条件の国際標準から撤退した点や労働者の利益を犠牲にした点がとりわけ批判の論点になった。拡張主義の趨勢のなかで生じたこの一件は、実業家に対する社会的な評価を著しく低下させ、労働運動を刺激したであろう。

その後、戦後不況と大震災が相次いで生じることにより、新聞や雑誌による彼らへの批判は一時的にクールダウンした。そうしたクールダウンの一時期に、同誌では不況や震災を逆境と捉えてそれを克服するための努力主義的な精神論が盛んに唱えられた。その一方で、労働問題の解決や実業家批判の緩和策についてはほとんど言及されなかった。おそらく不況と震災は、実業家たちによる批判への対応を遅らせたであろう。

メディア史研究会案内

一、研究会は、メディア、ジャーナリズム、マスコミュニケーション、コミュニケーションに関する歴史的研究ならびにその研究者相互の交流をはかることを目的としています。

二、研究会は、現在次のような活動をおこなっています。

（ア）月例研究会（毎月一回）

（イ）月例研究会の案内、会員の研究文献目録等を掲載した「メディア史研究会通信」の発行（毎月一回）

（ウ）機関誌『メディア史研究』の刊行（年二回）

三、会員の資格等は特にありません。前記の目的に関心をもつ人は、誰でも会員になることができます。学術的研究を目指していますから、様々な研究関心の人の参加を望みます。

四、会員の年会費は、六千円（機関誌代を含む）。

五、研究会についてのお問い合わせは、

東海大学文学部広報メディア学科　飯塚研究室
メディア史研究会事務局
〒二五九—一二九二　神奈川県平塚市北金目四—一—一
e-mail : koichi 0202@tbat-com.ne.jp

『メディア史研究』投稿規程

一、メディア史研究会の会員であれば誰でも投稿できます。

二、原則として、メディア史に関する学術論文の投稿を受け付けます。

三、原稿募集は「メディア史研究会通信」に掲載しますので、投稿を希望される方は、まず編集委員へその旨をご連絡の上、〆切日までに執筆要領及び提出要領にしたがって原稿を提出してください。

四、投稿論文については編集委員会で査読し、掲載の可否等の決定を行います。また、修正依頼を行うこともあります。なお、掲載可とする論文が多数に上る場合は、次号での掲載とすることもあります（査読結果は編集委員から執筆者へ連絡いたします）。

五、印刷作業に入った段階で、『メディア史研究』掲載用に、執筆者の略歴と、標題の英文表記を提出していただきます。

六、『メディア史研究』に論文が掲載された場合、抜刷がないため、掲載号を五冊差し上げます。（書評・資料紹介・解説が掲載された場合は三冊）

七、『メディア史研究』掲載の論文をご自身の著作等に転載する場合は、編集委員会までご通知下さい。

以上

執筆者紹介

福間良明（ふくま・よしあき）

1969年、熊本県生。京都大学大学院人間・環境学研究科博士課程修了。博士（人間・環境学）。出版社勤務、香川大学経済学部准教授を経て、現在、立命館大学産業社会学部教授。

［主要著作］『「反戦」のメディア史』（世界思想社）、『「戦争体験」の戦後史』（中公新書）、『「働く青年」と教養の戦後史』（筑摩選書）など。

井川充雄（いかわ・みつお）

1965年、東京都生。一橋大学大学院社会学研究科博士課程単位修得退学。博士（社会学）。立教大学社会学部教授。

［主要著作］『戦後新興紙とＧＨＱ―新聞用紙をめぐる攻防―』（世界思想社、2008年）、『原子力と冷戦　日本とアジアの原発導入』（加藤哲郎との共編著、花伝社、2013年）、『〈ヤミ市〉文化論』（石川巧・中村秀之との共編著、ひつじ書房、2017年）など。

浜田幸絵（はまだ・さちえ）

1983年生。東京経済大学大学院コミュニケーション学研究科博士後期課程修了。現在、島根大学法文学部准教授。

［主要著作］『日本におけるメディア・オリンピックの誕生―ロサンゼルス・ベルリン・東京』（ミネルヴァ書房、2016年）、「グローバル・テレビ・イベントとしての一九六四年東京オリンピック―NHKによる海外放送機関の組織化」（『メディア史研究』第35号、2014年２月）、「『京城日報』の紀元二六〇〇年記念イベント」（『メディア史研究』第38号、2015年９月）など。

加島　卓（かしま・たかし）

1975年、東京都生。東京大学大学院学際情報学府博士課程修了。東京大学助教を経て、現在は東海大学文学部広報メディア学科准教授。主な業績に『〈広告制作者〉の歴史社会学』（せりか書房、二〇一四年、日本社会学会第一四回奨励賞）、『オリンピック・デザイン・マーケティング』（河出書房新社、二〇一七年）など。

有山輝雄（ありやま・てるお）

1943年、神奈川県生。東京大学大学院社会学研究科博士課程単位取得退学。

［主要著作］『徳富蘇峰と国民新聞』（吉川弘文館）、『近代日本ジャーナリズムの構造　大阪朝日新聞白虹事件前後』（東京出版）、『占領期メディア史研究　自由と統制・1945年』（柏書房）、『甲子園野球と日本人　メディアがつくったイベント』（吉川弘文館）、『戦後史のなかの憲法とジャーナリズム』（柏書房）、『海外観光旅行の誕生』（吉川弘文館）、『陸羯南』（吉川弘文館）、『「中立」新聞の形成』（世界思想社）、『近代日本のメディアと地域社会』（吉川弘文館）、『情報覇権と帝国日本』Ⅰ・Ⅱ・Ⅲ（吉川弘文館）など

大津昭浩（おおつ・あきひろ）

1967年、千葉県生。1988年、駒澤大学卒。2005年、放送大学大学院文化科学研究科総合文化プログラム（文化情報科学群）修了。2014から日本大学大学院新聞学研究科博士後期課程在籍。専門紙記者。

片山慶隆（かたやま・よしたか）

1975年、神奈川県生。一橋大学大学院法学研究科博士課程修了。博士（法学）。関西外国語大学英語国際学部准教授。

［主要著作］『日露戦争と新聞―「世界の中の日本」をどう論じたか』（講談社選書メチエ、2009年）、『小村寿太郎―近代日本外交の体現者』（中公新書、2011年）、「福澤諭吉の『日英同盟論』再考」（『年報日本思想史』第８号、2009年３月）、「陸羯南の対外論―日清戦争後を中心に―」（『日本史研究』第583号、2011年３月）、「『軍神の妻』の神格化と忘却―乃木静子とメディア―」（『歴史学研究』第959号、2017年６月）、「義和団戦争と新聞報道―『二六新報』を中心に―」（『歴史評論』第811号、2017年11月）など。

編集後記

メディア史研究会も、おかげさまで二三年目を迎え、会員も約二百名と増加するまでになった。当初からメディア史研究会が目指しているのは、メディア史という新しい研究領域を開拓しようとする運動である。月例研究会と年一回の研究集会は、発表者が存分に自分の研究を発表し、それに参加者が率直な疑問や批判を出すことによって発表者と参加者がともに学び、研究を深めていく場としてきたし、機関誌はそうした成果を発表する媒体と位置づけてきた。研究会はいわゆる学会ではなく、いうまでもなく機関誌は商業雑誌ではない。研究会は既存の学問の枠にとらわれない闊達な研究に対して常に開かれているのだが、形式的に「業績」をあげる機会を提供する場とすることは我々の本意ではない。自戒をこめて研究会の初発を確認しておきたい。

本号編集委員
有山輝雄
飯塚浩一
井川充雄
乾　照夫
向後英紀
佐々木隆

メディア史研究　第43号
2018年 3 月20日　発行
編集＝メディア史研究会
発行＝ゆまに書房
〒101-0047　東京都千代田区内神田2-7-6
Tel 03(5296)0491　Fax 03(5296)0493
印刷・製本＝藤原印刷株式会社

メディア史研究　バックナンバー

●VOL.1	1994.03	特集＝メディア史研究の展望	品切れ
●VOL.2	1995.02	特集＝戦後50年とマスメディア Ⅰ	品切れ
●VOL.3	1995.06	特集＝戦後50年とマスメディア Ⅱ	定価：本体1,942円＋税
●VOL.4	1996.05	特集＝メディアと言説	品切れ
●VOL.5	1996.11	特集＝政治のなかのコミュニケーション	品切れ
●VOL.6	1997.05	特集＝ジャーナリズムの断面	品切れ
●VOL.7	1998.03	特集＝国際社会とメディア	定価：本体2,400円＋税
●VOL.8	1999.03	特集＝変動期のメディア	定価：本体2,400円＋税
●VOL.9	2000.03	特集＝メディアの周辺、周辺のメディア	定価：本体2,400円＋税
●VOL.10	2000.10	特集＝メディア史のなかの映画	品切れ
●VOL.11	2001.09	特集＝文化装置としてのメディア	定価：本体2,400円＋税
●VOL.12	2002.04	特集＝声のメディア史	定価：本体2,400円＋税
●VOL.13	2002.11	特集＝「放送」の成立	定価：本体2,400円＋税
●VOL.14	2003.04	特集＝メディアがつくる歴史と記憶 —メディア史研究会10周年記念シンポジウム—	定価：本体2,400円＋税
●VOL.15	2003.11	特集＝地域社会とメディア	定価：本体2,400円＋税
●VOL.16	2004.04	特集＝日本を伝える世界を観る	定価：本体2,400円＋税
●VOL.17	2004.11	特集＝人と人をつなぐメディア	定価：本体2,400円＋税
●VOL.18	2005.06	特集＝映画研究の方法論	定価：本体2,400円＋税
●VOL.19	2005.12	特集＝歴史のなかの女性とメディア	定価：本体2,400円＋税
●VOL.20	2006.05	特集＝放送80周年特集	定価：本体2,400円＋税
●VOL.21	2006.12	特集＝メディアの伝える戦争	定価：本体2,400円＋税
●VOL.22	2007.06	特集＝政治家とメディア	定価：本体2,400円＋税
●VOL.23	2007.12	特集＝日本の対外イメージ発信	定価：本体2,400円＋税
●VOL.24	2008.08	特集＝国民形成とメディア	定価：本体2,400円＋税
●VOL.25	2009.05	小特集＝歴史研究と図像・画像	定価：本体2,400円＋税
●VOL.26	2009.10	特集＝娯楽とメディア	定価：本体2,400円＋税
●VOL.27	2010.03	研究集会の記録＝感情のメディア史	定価：本体2,400円＋税
●VOL.28	2010.09	特集＝マス・メディアの自由と規制	定価：本体2,400円＋税
●VOL.29	2011.02	特集＝論争の場としてのメディア	定価：本体2,400円＋税
●VOL.30	2011.08	特集＝歴史の中のクロス・メディア	定価：本体2,400円＋税
●VOL.31	2012.02	特集＝醜聞（スキャンダル）の社会史	定価：本体2,400円＋税
●VOL.32	2012.09	特集＝検閲の諸相	定価：本体2,400円＋税
●VOL.33	2013.03	特集＝「下からのメディア史」の試み —メディア史研究の読者・視聴者研究の方法—	定価：本体2,400円＋税
●VOL.34	2013.10	特集＝中・小規模メディアの一断面	定価：本体2,400円＋税
●VOL.35	2014.01	特集＝テレビ放送開始六十年 —テレビ・ジャーナリズムの原点を探る—	定価：本体2,400円＋税
●VOL.36	2014.09	特集＝メディアの中の日米関係	定価：本体2,400円＋税
●VOL.37	2015.04	特集＝技術から見たメディア史 —メディア機能が求める技術／技術が作るメディア機能—	定価：本体2,400円＋税
●VOL.38	2015.10	特集＝植民地とメディア	定価：本体2,400円＋税
●VOL.39	2016.02	特集＝歴史史料としてのメディアを考える —メディア史料学の構築を目指して—	定価：本体2,400円＋税
●VOL.40	2016.11	特集＝キャンペーン・ジャーナリズム	定価：本体2,400円＋税
●VOL.41	2017.02	特集＝読者研究の史料と方法	定価：本体2,400円＋税
●VOL.42	2017.10	特集＝メディアとしての手紙（書簡）	定価：本体2,400円＋税

毎日新聞外地版 全84巻

［監修・編集］坂本悠一 立命館大学社会システム研究所上席研究員

●揃定価：本体2,940,000円＋税 ISBN978-4-8433-4271-8 C3300 A3判上製

昭和前期、朝鮮、満洲·大陸、台湾で発行され、西部本社に保存されていた毎日新聞「外地版」（1926年12月～1944年9月）を復刻。

配本予定

大阪毎日新聞 朝鮮毎日【北部版】

昭和三年七月四日

済南事件の交渉終るまで
両師団とも撤退せず
三師団管下の産業状態を考慮し
最少限度の召集解除を行ふだけ
此の方針は動かぬ

東邊道尹の陳謝に
誠意認められず
千棉義州守備隊長は
挨拶状を突返して再考を促す

朝鮮消防協会

加州大學生團

●第1回 全5巻（第1巻～第5巻） 2013年10月刊
揃本体175,000円 ISBN978-4-8433-4272-5
朝鮮版 1926年12月～1928年12月

●第2回 全5巻（第6巻～第10巻） 2014年2月刊
揃本体175,000円 ISBN978-4-8433-4273-2
朝鮮版 1929年～1930年

●第3回 全5巻（第11巻～第15巻） 2014年6月刊
揃本体175,000円 ISBN978-4-8433-4279-4
朝鮮版 1931年～1932年

●第4回 全5巻（第16巻～第20巻） 2015年6月刊
揃本体175,000円 ISBN978-4-8433-4280-0
朝鮮版 1933年～1934年

●第5回 全5巻（第21巻～第25巻） 2015年12月刊
揃本体175,000円 ISBN978-4-8433-4457-6
台湾版 1935年6月～12月 朝鮮版 1935年1月～12月
満洲・大陸版 1934年12月～1935年12月

●第6回 全4巻（第26巻～第29巻） 2016年6月刊
揃本体140,000円 ISBN978-4-8433-4458-3
台湾版／満洲・大陸版／朝鮮版 1936年

●第7回 全5巻（第30巻～第34巻） 2016年11月刊
揃本体175,000円 ISBN978-4-8433-4459-0
台湾版／満洲・大陸版／朝鮮版 1937年

●第8回 全5巻（第35巻～第39巻） 2017年6月刊
揃本体175,000円 ISBN978-4-8433-4460-6
台湾版／満洲・大陸版／朝鮮版 1938年

●第9回 全5巻（第40巻～第44巻） 2017年11月刊
揃本体175,000円 ISBN978-4-8433-4461-3
朝鮮版 1939年

●第10回 全3巻（第45巻～第47巻） 2018年6月刊行予定
揃本体105,000円 ISBN978-4-8433-4462-0
台湾版／満洲・大陸版 1939年

●第11回 全6巻（第48巻～第53巻） 2018年12月刊行予定
揃本体210,000円 ISBN978-4-8433-4463-7
朝鮮版 1940年

●第12回 全4巻（第54巻～第57巻） 2019年6月刊行予定
揃本体140,000円 ISBN978-4-8433-4464-4
台湾版 1940～1941年 満洲・大陸版 1940年

●第13回 全4巻（第58巻～第61巻） 2019年12月刊行予定
揃本体140,000円 ISBN978-4-8433-4465-1
朝鮮版 1941年

●第14回 全3巻（第62巻～第64巻） 2020年6月刊行予定
揃本体105,000円 ISBN978-4-8433-4466-8
満洲・大陸版 1941年

●第15回 全4巻（第65巻～第68巻） 2020年12月刊行予定
揃本体140,000円 ISBN978-4-8433-4467-5
朝鮮版 1942年

●第16回 全3巻（第69巻～第71巻） 2021年6月刊行予定
揃本体105,000円 ISBN978-4-8433-4468-2
台湾版／満洲・大陸版 1942年

●第17回 全4巻（第72巻～第75巻） 2021年12月刊行予定
揃本体140,000円 ISBN978-4-8433-4469-9
朝鮮版 1943年

●第18回 全4巻（第76巻～第79巻） 2022年6月刊行予定
揃本体140,000円 ISBN978-4-8433-4470-5
台湾版／満洲・大陸版 1943年

●第19回 全5巻（第80巻～第84巻） 2022年12月刊行予定
揃本体175,000円 ISBN978-4-8433-4471-2
台湾版／満洲・大陸版／朝鮮版 1944年1月～9月

ゆまに書房 〒101-0047 千代田区内神田2-7-6 TEL.03（5296）0491 FAX.03（5296）0493 http://www.yumani.co.jp/

スマトラ新聞

［監修・解題］江澤 誠　　全1巻 A3判上製●定価：本体35,000円＋税

インドネシア国立図書館で新たに発見された幻の新聞「スマトラ新聞」が明かす、軍政下スマトラの状況。

スマトラ新聞は、昭南新聞会によってスマトラ島のパダンで1943年6月8日に創刊された邦字紙である。通常は表裏2頁が1日分で、その内容は戦況報告、内地の動向、国際情勢のほか、スマトラのさまざまな動向を報じており、軍政下の現地の状況を知るためには不可欠な史料となっている。しかし現存部分が極めて少なく、その全貌は現在も明らかにされていない（1945年までに約650号が発行されていたと言われている）。そのような中、2016年にインドネシア国立図書館で、1943年10月1日から1944年1月20日の合計94号分が新たに確認された。本書は向後の研究に資するべく、その94号分にあわせ、個人所蔵の1944年4月28日の1号分を復刻するものである。

本書の特色

- 「幻の新聞」と言われた『スマトラ新聞』のうちインドネシア国立図書館所蔵の1943年10月1日から1944年1月20日までの94号を復刻。さらに、1944年4月28日号を併載。
- 軍政下スマトラに関する貴重な情報を含む。
- 日本の敗戦、戦犯、インドネシア独立など、戦後に続くインドネシア史につながる史料。

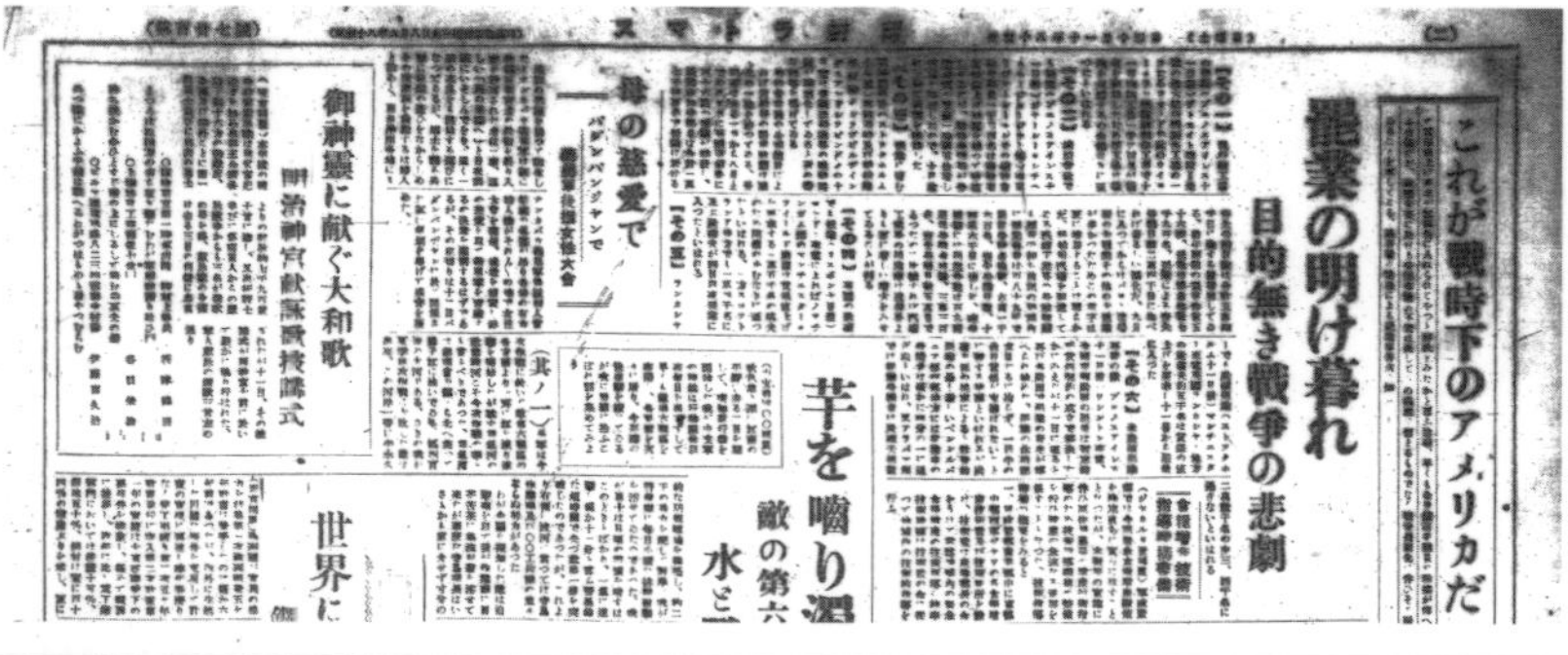
スマトラ新聞

これが戦時下のアメリカだ

罷業の明け暮れ

目的無き戦争の悲劇

御神霊に献ぐ大和歌

明治神宮献詠披講式

母の慈愛で

芋を噛り

ゆまに書房 〒101-0047 東京都千代田区内神田2-7-6 http://www.yumani.co.jp/
TEL.03(5296)0491 FAX.03(5296)0493 ※外税・パンフレット呈

ISBN978-4-8433-5335-6 C3036

ISSN 1343-8107